超级大侦探

一分钟破案

谁是凶手

主编：张　微

编委：郝　戈　曲春泽　马丽颖　刘　妍
姚　丽　白铁峰　李　李　关　健
马　飞　杨　雪　刘肇鹏　苗效霏

哈爾濱工業大學出版社
HARBIN INSTITUTE OF TECHNOLOGY PRESS

图书在版编目（CIP）数据

一分钟破案. 谁是凶手 / 张微主编. -- 哈尔滨：
哈尔滨工业大学出版社, 2017.6
（超级大侦探）
ISBN 978-7-5603-6484-1

Ⅰ. ①一… Ⅱ. ①张… Ⅲ. ①刑事侦查 - 青少年读物
Ⅳ. ①D918-49

中国版本图书馆CIP数据核字(2017)第040712号

策划编辑 张凤涛
责任编辑 张凤涛
装帧设计 博鑫印务
出版发行 哈尔滨工业大学出版社
社　　址 哈尔滨市南岗区复华四道街10号　邮编 150006
传　　真 0451-86414749
网　　址 http://hitpress.hit.edu.cn
印　　刷 哈尔滨市石桥印务有限公司
开　　本 787mm × 1092mm　1/16　印张 9.5　字数 200千字
版　　次 2017年6月第1版　2017年6月第1次印刷
书　　号 ISBN 978-7-5603-6484-1
定　　价 25.00 元

目录
CONTENTS

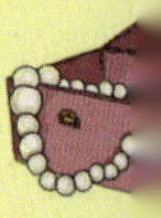

汤姆是怎么投的毒

史密斯在野外举办了一个烤肉晚餐会。同事汤姆带来一只活兔。美食家史密斯非常高兴，马上当场杀了活兔，也不扒皮，整个地烤起来。客人见状都感到有些害怕，无人敢吃。

“没有比这肉更鲜的了。可是……”史密斯一个人狼吞虎咽地美餐

了一顿。

然而，几个小时以后，他却突然死去。警察的调查结果查明了是阿托品中毒致死。阿托品是新种类植物中所含的毒素。

因史密斯吃了兔肉，当然汤姆是嫌疑对象。

“我作为礼品送给他的是只活兔子。是史密斯亲自杀掉烤熟的。所以，我不是凶手。”

汤姆辩解说自己是无辜的。

然而，实际上他就是真正的罪犯。

那么，你知道他是怎么投毒的吗？

我是答案

汤姆是怎么投的毒

毒是放在活兔肚子里的。

阿托品这种毒素含在茄科植物中，罪犯用有毒植物的叶子和果实喂兔，草食动物和鸟类对有毒植物有一定的免疫功能。尤其兔子免疫性能更强。二只兔子可以承受比人高出百倍的毒量。将那只活兔作为礼品，谁也不会怀疑那么活蹦乱跳的兔子体内竟有毒。

生物学家的推理

夏季的一个中午，奥地利首都维也纳警察局突然闯进一位中年妇女，说她的丈夫失踪了，并提供线索：一个星期前，丈夫同一个叫维克多的朋友外出旅行。

警官询问维克多，维克多说："我们是沿着多瑙河旅行的。三天前，我们住在一家旅馆的同一间房子里，他告诉我要出去办点儿事，谁知过了三天也没有回旅馆。他到底上哪儿去了，我也不知道。"

警官立即根据维克多提供的旅馆名称挂了电话。对方回答："维克多昨天已离店，与维克多同住一室的旅客没有办理过离店手续，人也没有见到。"

警察局派出了几十名警察，根据失踪者的妻子提供的照片分头寻找，但是，找了几天杳无踪影。警方估计，报案者的丈夫可能已经被人杀害。要侦破此案，必须先找到被害者的尸体。于是，警方派出直升机到附近的山林里侦察，又动用汽艇在多瑙河里打捞。可是，到头来是白忙了一场。

于是警方判断，被害者的尸体可能是被抛在十分偏僻的地方，而度假的人不会只身去偏僻的地方，必定是被一个非常要好的人骗到了那里。维克多是此案的重要嫌疑犯，但维克多矢口否认与此案有关。既无口供，又无物证，警方只得暂时拘留维克多。

警官的一位好友是知名的生物学家，知道此案后，答应帮忙破案。

生物学家经过几天的忙碌工作，对警察说："老朋友，被害者的尸体可能在维也纳南部的树林里，你快带人去找!”

警官带了警察来到了南部的树林里，在一块水洼地里果真发现了一具男尸，经检验，确是那个失踪者。死者的脖颈上有几条紫色伤痕，他是被凶手掐死的。

审讯开始了。警官厉声喝问：“维克多，有人告发你，是你把朋友骗到维也纳南部的树林里杀害的，快交代你的犯罪经过。”

维克多冷笑道：“请证人来与我对质!”

生物学家指指证人席桌上的小玻璃瓶子说：“证人在那里!它是装在玻璃瓶里的花粉!它是从你的皮鞋上的泥土里取来的。”

“花粉?它怎么能证明是我犯了罪?”

生物学家说出了自己的理由。维克多只好低头认罪。原来，维克多的朋友这次外出旅行，带了不少美元，维克多见财起意，便把朋友诓骗到南部的树林里掐死了，并弃尸于水洼。

你知道生物学家的根据是什么吗?

我是答案

生物学家的推理

花粉是裸子植物和被子植物的繁殖细胞，体积很微小，要借助显微镜才能看到。不同种的植物，它们的花粉形状是不同的。生物学家化验了维克多鞋子上的泥土里的花粉，发现它们是桤木、松树和存在于三四千万年前的一些植物的粉粒。而这些特殊的花粉组合是维也纳南部的一个人迹罕至的水洼地区特有的，它证明维克多曾把他的朋友骗到那里杀害了!

王冠的秘密

古希腊著名科学家阿基米德在洗澡。浴盆里放了大半盆热气腾腾的水，阿基米德一屁股坐了下去，忽然觉得浑身轻飘飘的，身子浮动着，那热水哗哗地直从盆里溢出来。“水放得太多了。”他下意识地站了起来。盆里的水落了下去，他孩子气地又重重地坐下去，水又往上升起，没过盆沿溢了出来。

忽然，他眼睛一亮，跳出浴盆，光着身子冲到门外，跑上大街，高喊道：“我知道啦!我知道啦!”

咦!这老头疯了吗?

瞧，他浑身上下一丝不挂。

其实，阿基米德没有疯，他解开了一个重要的秘密，一时有点儿忘乎所以。

原来，几天前，地中海的西西里岛上的国王，叫金匠做了一顶纯金的王冠，漂亮极了。可大臣们却窃窃私语：“谁知道是不是纯金的?”国王听了这种议论后，就叫人把王冠称了一下，可是王冠和交给金匠的金子一样重，没法辨别里面有没有含别的什么金属。国王就把聪明的阿基米德召来，让他弄个水落石出。

现在，阿基米德在洗浴时得到了启发，他觉得，马上就可以弄清这个王冠的秘密了。当阿基米德发觉大家在一旁嘲笑他，低头一看，才知道自己赤裸着身子，马上回屋胡乱地穿上一套衣服，进王宫去了。

他给国王做了这样一个实验——他找来一块和金冠同样重的纯金块、两只同样大小的罐子和盘子，然后把王冠和金块分别放进装满水的罐子里，当水从罐子里溢出来时，各用盘子接着。最后把这些水分别称一称，结果，发觉溢出来的水不一样多。阿基米德对国王说：“现在我可以断定，这只王冠里掺有其他金属。”

国王忙派人把金匠抓来一查问，果然是用同样重的黄铜代替，铸在金冠的内层。

国王奇怪地对阿基米德说：“说说这是为什么吧!”

你知道阿基米德是怎样解释的吗?

我是答案

王冠的秘密

王冠和纯金块一样重，但如果王冠是纯金的，那么，它们的体积也应该是一样大，放进罐子里，溢出的水也应该是一样多。现在，放王冠的罐子里溢出来的水多，说明王冠的体积比纯金块大，由此可见，王冠不是纯金的。

一个自杀者的手段

一个农民不堪不治之症的折磨想一死了之。但如果自杀，家属则得不到生命保险金。

于是，为让人看出是他杀，他在全家人都外出期间，在院子里用微型手枪击中头部并巧妙地隐藏了手枪。他认为只要凶器不放在尸体旁边，就可被认定为他杀。

当尸体被发现后，刑警们在离尸体15米远的羊圈前发现了手枪。

可是，如果被枪击头部，会立即死亡，那个农民绝不会自己将手枪扔出15米远，更不会摇摇晃晃地走过去扔在那里。

不过，其他人不可能帮助他。而且，山羊是用很短的绳子绑在羊圈里的，不可能离开羊圈。

显然，手枪自己不会走。

那么，这位农民究竟使用了什么手段，在自杀以后将手枪隐藏到羊圈前呢?

我是答案

一个自杀者的手段

他利用了山羊喜欢吃纸的特点。

这位农民先用长长的纸条拴在手枪上，将其一端让山羊叼在嘴里，然后用手枪自杀。

山羊是最喜欢吃纸的。因为山羊被紧紧地绑在圈里，这样，山羊大口吞食纸条将手枪拉近羊圈。为不留下纸条的痕迹，农民早晨没喂羊，羊越饿吃得就越干净。

钻石的命运会如何

欧文的偷盗特技受到某情报部的青睐，时常被指派去干些奇妙的工作。当然是有特殊报酬的。

今晚的任务是潜入A大使的私宅，盗窃书房保险柜中的密码本。大使夫妇外出参加酒会去了，不在家。欧文轻而易举地潜入了书房，

打开保险柜一看，只有一个首饰盒，并没有蓝皮的密码本。

首饰盒里有许多大钻石。为不白来一趟，正要顺手牵羊之际，突然大使一个人先回来了。欧文迅速掏出手枪逼住了大使。

“大使先生，您把密码本藏到什么地方啦?快老老实实交出来吧。”

可是，大使却镇定自若：“你的手枪上面没有消音器，量你也不敢开枪。我凭什么要交给你呢?”

被大使这么一说，欧文从首饰盒里拿出最大的钻石放到保险柜上面的铁板上，手里晃动着一把小铁锤威胁着。这把小铁锤是他偷盗常用的数种工具之一。

“如果不赶快交出密码本，我就砸碎这块钻石。如果砸碎了它，想必您夫人会心疼的。”

然而，大使仍不动声色地冷笑说：“钻石在地球的物质中是最坚硬的，就凭你那把小铁锤就能把它敲碎吗?”

“那么就试试吧。”

欧文用足力气砸下去。

请你猜猜看，钻石的命运会如何呢?

我是答案

钻石的命运会如何

钻石会被砸碎。

铁虽然要比钻石软，但铁锤的冲击力足可以把钻石砸碎。正像皮球一样，用力投出可以打碎坚硬的窗玻璃。

不过，用铁制的刃物是无法切、削钻石的。只有用钻石的粉末制成的锉刀才能削动它，因为地球上没有比钻石更硬的物质。

不翼而飞的大钻石

某公爵的遗孀秘藏了一件稀世珍宝，重达50克拉的大钻石“神的眼泪”。

“神的眼泪”就藏在卧室的秘密保险柜里。公爵夫人现正外出旅行，那是一座空房。在了解了这些情况以后，窃贼丽卡和沙布便在一天夜晚带了氧气切割机和高压氧气瓶，溜进了那所房子。从卧室的墙上揭下一张油画，便露出了保险柜。

虽然很小，但却是钢制的，又镶嵌在墙壁上，所以将保险柜搬走是不可能的。

“喂!丽卡，干吧。”

于是，两个人马上操起氧气切割机开始干了起来。灼热的火焰很快将保险柜的门烧红，不久便像糖稀一样开始熔化。

“还差一点儿，沙布，再加把劲儿。”

很快，保险柜门就被切割出一个大洞。

“好了，已经可以了!”

丽卡顺着洞往柜里一看，里面却什么也没有。只有一小堆灰。

“真怪，哪有什么‘神的眼泪’呀?”

“什么!你说的是真的?”

沙布很吃惊，套上耐火手套伸手进去一摸，里面果然是空的。

这究竟是怎么回事?那两个家伙出了什么错?

我是答案

不翼而飞的大钻石

钻石被烧成了灰。

保险柜里的那一小堆灰就是“神的眼泪”。钻石是地球物质中最坚硬的，其成分是碳元素的纯结晶体。如果温度超过850℃就会燃烧。氧气切割机的火焰温度高达2000℃，所以在用如此高温的切割机去切割小小的保险柜柜门时，致使保险柜中的钻石燃烧变成了二氧化碳。

动物园里的凶杀案

这是个蓝色的、明亮的夜晚。

大侦探亨特正驾着一辆小轿车在郊外的大道上飞驰。在明亮的车前大灯的照耀下，他猛然发觉有个男子正匆匆地穿越公路，只得“嘎”的一下急刹住车。

那男子吓得像定身法似的在他的车前站住了。

亨特跳下车关切地问道：“您没事吧?”

那人喘着粗气说：“我倒没事。可是那边有个人正倒在动物园里，他恐怕已经死了，所以我正急着要去报案。”

“我是侦探亨特，你叫什么名字?”

“查理·泰勒。”

“好，查理，你领我去看看尸体。”

在距公路大约一百米处，一个身穿门卫制服的男子倒在血泊之中。

亨特仔细验看了一下说：“他是背后中弹的，刚死不久。你认识他吗?”

查理说：“我不认识。”

“请你讲讲刚才所看到的情况。”

“几分钟前，我在路边散步时，一辆小车从我身边擦过，那车开得很慢。

后来我看到那车子的尾灯亮了，接着听到一声长颈鹿的嘶鸣，我往鹿圈那边望去，只见一只长颈鹿在圈里狂奔转圈子，然后突然倒下。于是，我过去看个究竟。结果被这个人绊了一跤。”

亨特和那人翻过栅栏，跪在受伤的鹿前仔细察看，发现子弹打伤了它的颈部。

查理说：“我想可能是这样，凶手第一枪没打中这人，却打伤了长颈鹿，于是又开了一枪，才打死了这人。”

亨特说：“正是这样，不过有一件事你没讲实话：你并不是跑去报警，而是想逃跑!”

“奇怪!我为什么要逃跑呢?”查理莫名其妙地说，“我又不是凶手。”

亨特拿出手铐把那人铐了起来，一边说：“你是凶手，跟我走吧!”

后来一审查，这人果然是凶手。

亨特当时怎么知道他就是凶手呢?

我是答案

动物园里的凶杀案

那个人说他听到长颈鹿的嘶鸣后才被尸体绊了一跤。但是，实际上所有的长颈鹿都是哑巴，它们根本不会发出嘶鸣的。他如果不是凶手，就不会编造假话。

现场并不是这里

春天的一个清晨，两名男大学生在郊外跑步，突然发现一块空地的草丛里躺着一个年轻的女人。显然，这么早躺在这里不正常!他们跑到跟前一看，女人的头部有血，看起来已经死了。他们赶紧拨电话报了警。

警察立即赶到现场进行勘查。现场的尸体旁边有块沾有血迹的石头，看起来被害人像是被这块石头击中头部致死的。尸体下面是一片绿油油的青草，野花花茎都笔直地耷拉到一旁。

验尸法医说：“经初步验尸，大约死亡10个小时。”

一直蹲在尸体旁边察看的资深警官七郎肯定地说：“那么，作案的现场并不是这里。凶手一定是在别的地方做的案，大约二三个小时前才将尸体移到此地。”

二三个小时前，这里并没下过雷阵雨，七郎警官为什么会做出这种推断呢?

我是答案

现场并不是这里

七郎警官仔细观察了压在尸体身下的杂草。他发现茎部前端倒向一旁，因此判断尸体是二三个小时之前转移到这里的。因为植物的茎部一般都具有向压力的相反方向伸展的习性。所以，如果被害人是10个小时之前在此处被害的话，那么，尸体下面露出的杂草茎部的前端会向上方弯曲伸展。正因为杂草茎部笔直地耷拉到一旁，就说明尸体压在草上的时间不长。

病房杀人案

这是片山警长因病住院期间发生的事。

夏日的一天早晨，住在二楼单人病房的一名男患者死在病床上。但他并不是病死的，而是胸部被刺了一刀致死的。

凶器匕首被从窗户扔到院子里。但也许是怕留下指纹的缘故，刀

柄上胡乱地缠着绷带，而且不知为什么刀柄上爬满了蚂蚁。

由于是深夜做的案，所以警长认为是住院的患者所为。经过调查，找出以下三名嫌疑犯。

4号病房的肺炎患者小林

7号病房的糖尿病患者川平

9号病房的肾炎患者隆男

片山警长仔细看了看凶器匕首，又听护士介绍了病人的情况后，当即指出了凶手：“肯定是他!”

那么，你知道谁是凶手吗?片山警长是怎么知道的?

我是答案

病房杀人案

凶手是7号病房的糖尿病患者川平。

不仅糖尿病患者，就是健康人杀人时因过度紧张，握凶器的手都会出冷汗的。糖尿病患者出汗更多，且汗水里含有大量糖分。缠着绷带的匕首柄上，爬着很多蚂蚁，这说明绷带上的汗水有很多糖分。

黄沙层上的车胎痕迹

一天清晨，法国著名物理学家、化学家居里夫人骑着自行车上街。

这时，刚下过雨，空气清新沁人心脾。街上非常宁静，很少有行人。突然，她发现在路旁躺着一个正在流血的警察，腹部被人刺伤，生命危在旦夕。

居里夫人忙解下脖子上的围巾，捂住警察的伤口。

警察痛苦地呻吟着，断断续续地告诉居里夫人，五六分钟前，他查问一个青年，那青年突然拔刀朝他刺去，接着骑上警察的自行车逃走了。警察说着，用手朝犯人逃跑的方向指了指，就咽气了。

有一些人路过，居里夫人就请他们帮忙照料一下，自己向警察所指的方向追去。但没跑多远，前面出现了岔道。凶手往哪边跑的呢?她朝两边望去，左边和右边的路，都是不太陡的上坡路。在离岔口40米的地方，两边的路都铺了一层黄沙。她先观察了右边的路，在松软的黄沙层上有着清晰的自行车车胎的痕迹。她想："凶手好像是从这条路逃走的。"但她马上发现在左边路上的黄沙层上，同样留有车胎的痕迹。她仔细地分析了两边车胎的痕迹：右边路上的车胎痕迹，是前后轮深浅大致相同；而左边路上前轮的车胎痕迹，要比后轮的浅。她想了想，马上明白了。

这时，有个刑警也骑着自行车赶来了。居里夫人说："杀人凶手是从右边这条路逃跑的。"

在听了居里夫人的解释之后，刑警点点头，急急追去，果然追到了那个凶犯。

你知道居里夫人是怎么解释的吗?

我是答案

黄沙层上的车胎痕迹

因为通常骑自行车的人，他的身体重量是在后轮上，所以在平坦的路上或下坡时，前轮车胎的痕迹浅，后轮的痕迹深；在上坡时，由于骑车的人必须朝前弯着腰，使重心落到把手上，前轮和后轮车胎的痕迹就大致相同了。现在这两条路都是上坡，那凶犯车轮的痕迹应该前后的深浅差不多，而右边路上的痕迹正是这样，所以凶手是从右边逃走的。左边路上是下坡的痕迹，不可能是凶犯的。

袁滋巧破黄金案

李勉在镇守凤翔时，所属的县里有个老农民在田里挖沟排水时，掘出一只陶罐，里面全是“马蹄金”。老农民就请了两个大力士，把陶罐连同金子一起扛到县衙门。县令怕衙门收藏不严，就把陶罐藏在自己家里。一夜做了个好梦。

第二天天刚发白，他便点亮灯打开陶罐，想把马蹄金看个仔细。可一打开，发现陶罐里放的都是坚硬的黄土块，他连叫几声上当，不知如何是好，他卖家财、妻儿也不值这么多钱啊!他更没有法子隐瞒，陶罐从田里挖出来，全村的男男女女老老少少都看见了，陶罐里装的是马蹄金。不消几日，全县的人都知道金子在县令家里变成了土块，认为是县令暗中做了手脚。县令似哑巴吃黄连有口难辩，州里派官员来查，县令满头大汗招了口供，追问金子放在什么地方，他却一问三不知。凤翔太守李勉看过案宗，大怒，但又无良策让县令交出金子。

隔了数日，在一次酒宴上，李勉向官员们谈起此事，许多人很惊讶，这时，有位名叫袁滋的小官，坐着一语不发，若有所思。李勉便问他在想什么。

袁滋说：“我怀疑这件事或许内有冤情。”

李勉站起身，向前走几步问：“您一定有高见，我李勉向你讨教。这案子除你之外，我看没有别人能判断出真假了。”

袁滋说：“可以，我来办。”于是派人把案件提到州府办理。许多官员知道袁滋办理这案子，有的嘲笑，有的挖苦。

袁滋很有心计，他打开陶罐，见陶罐里有形状像“马蹄金”的土

坯250余块，就派人到市场找了许多金子，熔铸成块，与罐中的“马蹄金”大小相等，铸成之后用秤称，刚称了一半，就有300斤重。袁滋问众人，当初罐子从乡间运到县衙门是几人抬的。得知是两个村民用扁担抬来的后，袁滋一下子就明白了事情的原委，县令的冤案于是得到了昭雪。

你知道袁滋是怎样推断的吗？

我是答案

袁滋巧破黄金案

他计算一下金块的数目，知道这不是两个人用竹扁担抬得起来的。于是，他就明白了，原来在路上，金子已经被两位大力士换成黄土块了。

藏在地下仓库里的芝麻

1978年8月的一天夜里，希腊某市的一家糖果厂的仓库门被撬开，仓库内的芝麻被窃，损失达120万美元。

狡猾的盗窃犯没有在现场留下任何明显痕迹，警员们侦查了十多天，毫无结果。罪犯盗窃了那么多的芝麻，无疑是要出售的。于是，警察局派警员在码头、车站和交易市场上进行拦截和搜索，然而也无济于事。

工厂主不得已，只好求助于大名鼎鼎的私人侦探皮克得。

半个月后，皮克得打电话告诉工厂主：“已经侦查确实，被盗窃的芝麻藏在某村的一个地下仓库里，速请警方派人前往处理。”

警察局长带了几名警员赶往皮克得所说的村子，果真在一户农家贮存马铃薯的地下仓库里找到了大量芝麻。

经审讯，地下仓库的主人供认了与另外三名罪犯合伙盗窃芝麻的事实。

这三名罪犯中，有一名是糖果厂的雇员。他们是趁着天黑，里应外合做案的。

出于好奇心，警察局长特地去拜访皮克得，问道：“不知你是怎么查到赃物的?”

“这是我的助手们的功劳。”皮克得得意地说，“不过这些助手不是我花钱雇用的，是他们自己主动来当我的助手的!”

“有这样的事?他们是谁?”

皮克得用手指着地上说：“他们就在地上，就是他们帮了我的忙。”

你知道皮克得指的是什么吗?

我是答案

藏在地下仓库里的芝麻

他指的是蚂蚁!

他在侦查时，有一次在那个村口大树下发现了一队蚂蚁，每只蚂蚁都在搬运着一粒芝麻。于是他顺藤摸瓜，发现芝麻是从村里运出来的。他忙向村民们打听，知道那里从来没种过芝麻。他感到这些芝麻很可能就是糖果厂失窃的那些芝麻中的一部分，可能是被罪犯们窝藏在那个村子里了。经过跟踪，发现蚂蚁们的芝麻是从一间农舍里背出来的，一了解，那间房子有一个地下仓库……

原来，蚂蚁能互通信息，它们的活动往往是通过触角来联系的。并且，同族蚂蚁身上有一种其家族特有的气味，当第一个报信的蚂蚁在返回蚁巢的时候，它沿途会留下一些气味。即使这只蚂蚁不带路，它的同伴们也能追随这种气味，准确地找到食物。本案中蚂蚁成群结队搬运芝麻，是因为地下仓库的芝麻袋子裂开了，才泄露了秘密。

当然如果皮克得这位大侦探没有这些生物学知识，不细心观察分析，也就不可能得到那些“微型助手”的帮助。

爷爷留下的金币

青年汉斯手里有一封爷爷的遗书，上面说：20年前，他把很多金币装进壶里藏在了他家后院，把外院的树移栽到埋藏的壶上，作为伪装。等他长大了就可以挖出金币。

汉斯已经18岁了，他觉得自己可以挖出金币了，但是后院还有九棵树，有白杨、柳树、落叶松等等，金币究竟埋在哪棵树下呢?他想问问邻居，可是，15年前，这里流行霍乱，镇上的人死了一大半，没人记得他

家种树的事。

没有办法，汉斯打算把全部的树一根根砍倒后，再挖掘宝贝，直到找出装金币的壶为止。

他的好朋友——聪明的修利曼观察了一下院子里外环境和树。他发现院子外面和里面比起来，土地肥沃，阳光充足。他想了一下，给汉斯提建议：“不需要把每棵树根都挖出来。你只需把九棵树全部锯倒，我就可以马上告诉你哪棵树下埋着壶。”

汉斯有些诧异：“啊，真的吗?即使不把树根挖起也能知道?”

“是的，但不要用斧子砍倒，请用锯子整齐地锯断。”

汉斯顿时精神倍增，马上拿来大锯开始锯后院的树。只半天的时间，后院的树已全部锯倒了。

修利曼聚精会神地比较着一个个剩下的树桩。“对，是这棵，这个树根下埋着装金币的壶，绝对没错。”修利曼指着白杨树的树根肯定地说。

“好，我相信你的直觉，来，挖吧。”汉斯开始用镐挖树根，终于在洞穴里，看到一个古老的陶壶。打开壶盖一看，里面满满装着外国的金币和银币，还有珍贵的东方钱币。

那么，你能讲出少年修利曼是怎样推理的吗?

我是答案

爷爷留下的金币

九棵树锯断后，少年修利曼比较每棵树的年轮，推断出金币埋在哪棵树下。

树干，一年多一个圈，这就是年轮。生长在阳光充足、土质肥沃地方的树，发育好，年轮也大；反之，在日照很差、土地贫瘠的地方，树木生长缓慢，因此年轮也小。

20年前，汉斯的祖父埋下壶后，把阳光充足的外院的树，移栽到地瘦光照差的内院，因此，那棵树20年前和20年后的年轮，会发生微妙的变化，20年前的年轮间隔大，后来20年的年轮间隔要小。少年修利曼，发现年轮的细微差别，做出推理，知道了哪棵树下埋着金币。

女驯兽师之死

马戏团的女驯兽师，在表演时被狮子残忍地咬碎头部而死。

这头狮子一直由她驯养，在此之前，她曾数百次钻进狮子的大口中当众表演，从未失败过。然而就在这一天，当她将头伸进去时，不知为什么，狮子显露出好似微笑的表情，突然一口咬碎了女演员的头部。

在表演前，狮子已被喂了足够的肉，绝不是饿了，而且也全无发情期脾气暴躁的迹象，难道还是野兽所特有的无常的凶暴性所致吗？

尽管如此，令人不可思议的是狮子的微笑。那可怕的微笑到底意味着什么呢？

你知道这到底是怎么回事吗？

我是答案

女驯兽师之死

这是利用狮子的巧妙犯罪。

凶手在女驯兽师的头发上洒了刺激性很强的痒痒药或生发香水，所以狮子鼻子发痒，一打喷嚏，没想到咬碎了刚好伸进口中的驯兽师的头。

狮子流露出的可怕微笑，其实是要打喷嚏的表情。

盲女被拘禁的房子

夏天，一位双目失明的少女遭人绑架，匪徒要求其父母拿出5万元来。歹徒收到赎金后就把人放了。盲女除知道对方是一对年轻夫妇外，还向警方提供了如下细节：

“那幢软禁我的房子好像在海边。我被绑在小阁楼里，虽然里面

很闷热，但到了夜晚，透过小窗，会吹来阵阵清凉的海风。”

据少女所述，警察挨家挨户去搜查在海岸一带的房子。

结果，查出两家嫌疑最大的住宅但却空无一物。据查，这两家都曾住过一对年轻的夫妇，不过阁楼小窗一家朝南，一家朝北。周围的环境是大海在南方，北方是一片小山丘。

于是，警方请著名的亨特侦探帮助断案。亨特查阅了少女被拘禁三天的天气情况记录，都是晴天，无风又闷热的天气。又想到了少女曾说到了，晚上透过小窗会吹来阵阵海风。

很快，亨特正确指出了盲女被拘禁的房子。

你能说出是哪一幢吗?为什么?

我是答案

盲女被拘禁的房子

小窗朝北的一家。

夏天之夜风易进入朝北的房屋。海岸到了晚上，陆地的热气比海面的热气更易冷却，所以冷却的空气会由山上往海面直吹，于是微风就会从朝北的小窗吹进阁楼内。相反，到了白天，陆地的热气较易上升，海风会朝陆地直吹。

藏有钻石的冰块

夏季的一天，大盗欧文乔装改扮，混进珠宝拍卖会场，盗出两颗大钻石。

一回到家，他马上将钻石放在水里，做成冰块放在了冰箱里。因钻石是透明无色的，所以藏在冰块里，万一有警察来搜查也不易被发现。

第二天，亨特侦探来了。

“还是把你偷来的钻石交出来吧。珠宝拍卖现场的闭路电视，已将化装后的你偷盗时的情景拍了下来。虽然警察没看出是你化的装，但你瞒不了我的眼睛，一看就知道是你。”亨特侦探以不容置疑的口气说。

“如果你怀疑是我干的，就在我家搜好了，直到你满意为止。”欧文若无其事地说。

“今天真热呀，来杯冰镇可乐怎么样?”欧文说着从冰箱里拿出冰块，每个杯子放了4块，再倒上可乐，递给亨特侦探一杯。将藏有钻石的冰块放到了自己的杯子里，即使冰块化了，钻石露出来，在喝了半杯的可乐下面是看不出来的，亨特侦探怎么会想到在他眼前喝的可乐中会藏有钻石呢!欧文越想越得意。

“那么，我就不客气了。”亨特侦探接过杯子喝了一口，下意识地看了一眼欧文的杯子。

“对不起，能换一下杯子吗?”

“怎么!难道怀疑我往你的杯子里投毒了吗?”

“不，不是毒，我想尝尝放了钻石的可乐是什么味道。”

冰块还没融化，那么亨特侦探是怎么看穿欧文的可乐杯子里藏有钻石呢?

我是答案

藏有钻石的冰块

在正常情况下，冰的比重比水的比重小，冰块应浮在水面。

亨特侦探看到欧文杯子里的冰块有2块沉到杯底，推测一定是藏有钻石。

普通冰块一般是浮在水面，而冰块里藏有钻石肯定要沉入杯底，因其比重大于冰块。

偷黑钻石的人到底是谁

暴发户刘百万出国旅游为妻子买了一颗黑钻石，回国途中，他顺路出席了一位朋友的生日宴会。宴会结束，留下来三个客人——赵甲、钱乙和孙丙陪刘百万喝茶聊天。刘百万为了炫耀自己的富有，把黑钻石拿了出来，扬扬得意地对大家说：“你们知道这是什么吗?黑钻

石!这在世界上十分稀有，在国外只有总统夫人或者商贾巨子才能买得起。在中国，不要说拥有，恐怕见过的人都不多哩!”

黑钻石光彩夺目，甚是美观。它在大家的手里传过来传过去……大家赞不绝口。

随后，刘百万将黑钻石放回珍宝箱，可这时，原来的封条怎么也贴不上去了，主人拿来一瓶糨糊，刘百万用糨糊将封条封好，再把珍宝箱放回了原处。

刘百万回到客厅与客人们继续聊天。突然，赵甲的右拇指被一只不知名的毒虫咬了一口，迅速肿了起来。主人马上拿来碘酒，涂在他的右拇指上。慌乱中，又打碎了一只茶杯，钱乙捡玻璃碎片时，食指又被划破了。主人用纱布将他的食指包扎好。

说来这天该出事。不久主人拿来苹果，孙丙自告奋勇削苹果时，却把左手拇指也划开了，鲜血直流。主人要为他包扎，他说：“我包里有云南白药，涂一点就止血了。”说罢，他在左拇指上涂上了云南白药。

生日宴会如此扫兴，大家都想托故离开。正在这个时候，神探李明来了。主人让座、沏茶……大家寒暄一番之后，三个人先后离座，到厕所“方便”去了。

李明、主人、刘百万三人继续聊天，说着说着，又说到了黑钻石。李明也表示出了对黑钻石的浓厚兴趣。刘百万将珍宝箱取来，撕开湿漉漉的封条。

打开箱子一看，里面的黑钻石不见了!

案情重大!刘百万恳求李明调查，经过一番了解之后，他断定作案的就是三位客人中的一位。于是，他把三位客人找到跟前，向他们宣布了案情，然后说：“请你们把手伸出来。”

三个人齐刷刷地伸出了双手。李明发现：被虫咬的赵甲，右拇指呈蓝黑色；被玻璃划破食指的钱乙，包扎的纱布被水浸湿了；被刀削破左拇指的孙丙，拇指上还在流血。

神探李明经过一番思考之后，很快认定了犯罪嫌疑人，并从他的身上找到了黑钻石。

请你回答：偷黑钻石的人到底是谁，为什么？

我是答案

偷黑钻石的人到底是谁

被虫咬伤的客人赵甲偷了钻石。

因为珍宝箱的封条是用糨糊贴上去的，糨糊的主要成分是淀粉。赵甲被虫咬伤后，涂上了碘酒，应呈黄色。当他开启封条偷钻石时，拇指上的碘酒与淀粉发生化学反应，由黄色变成了蓝黑色。

话中的破绽

夏天，一个万里无云的早上，日本东京的新宿区，在一幢公寓内，发生了一宗凶杀案，时间是下午四时左右。

警方经过三天的深入调查后，终于拘捕了一个与案子有关的嫌疑犯。但是，他向警方提供了不在场的证据。

他说："警察先生，事发当天，我一个人在相根游玩。直至下午四时左右，我到了芦湖划船。当时适值雨后天晴，我看到富士山旁西面的天空上，横卧着一条美丽的彩虹，所以凶手是别人，不是我!"

亨特侦探听了他的话，马上问道："你敢肯定刚才自己说的没错吗?"

"当然，我记得非常清楚!"

"那么，你根本就是在说谎，其实你就是凶手!"亨特侦探十分肯定地说。

你知道嫌疑犯的话有什么破绽吗?

我是答案

话中的破绽

嫌疑犯说话的破绽，在于看到彩虹的方向。要是他真的看见彩虹，太阳应该在彩虹对面。既然案发时间是下午四时，彩虹应该在东面的天空出现，而不是西面！

推断死亡时间

一个夏日的白天，在一幢独门独院的别墅里，一个单身生活的推理小说作家死在一楼的浴室里。他是被短刀刺伤腹部、胸部多处，并被泡在浴盆里而死的。

然而，作案现场却在二楼的卧室。被害人遭到罪犯袭击时，进行过激烈的抵抗。羽绒被子被撕破，白色的羽毛散乱整个房间，血迹也四处飞溅。可能是罪犯为了在作案时间上搞鬼，才把尸体拖到浴室，泡进热水里后才逃走的。

验尸的结果，推断死亡时间为前一天下午3点至夜里10点期间。所以出现死亡时间有7个小时的误差，就是因为尸体被泡在浴盆的热水里，而不知水的温度的缘故。

而到现场勘查的松川警官发现了院子里的树枝上挂着大大的蜘蛛网，蜘蛛网上又挂着五六片白羽毛。那棵大树正好在杀人现场窗户下面。

松川问鉴定人员：“那些挂在蜘蛛网上的羽毛是怎么回事?大概那是个大蜘蛛网吧……”

“那是羽绒被子里的羽毛。在二楼卧室遭到罪犯袭击时，被害人大概是想从窗户逃脱，打开窗户的。因此，被撕破的被子里的羽毛飞散出来，从窗户飘到外面挂到大蜘蛛网上。”

“发现尸体的时候，那窗子也开着的吗?”

“不，是关着的。可能是凶手逃走前关上的吧。”

“不错。这样就明确作案时间是昨天夜里。这个季节，7点钟左右日落，所以作案在7点以后。”松川警官果断地说。

那么，理由何在?

我是答案

推断死亡时间

大蜘蛛有个习性，即前一天夜里拉的网，第二天早晨太阳出来时再破坏掉。因此，被撕破的羽绒被子里的羽毛飞挂在大蜘蛛网上的时间一定是傍晚以后发生的事。也就是说，作案时间在夜里。

所以这个大蜘蛛网能保存到这个时间，是因为不能当食物的羽毛挂在网上，这个大蜘蛛直到早晨干脆放弃不管了。根据条件，蜘蛛未必每天都破掉夜里的网。

女作家被害之谜

夏日的一天中午，有人发现了女作家小泉久子在自家院子里被杀害的尸体。她是被刀子刺中腹部、背部，倒在草坪上死去的。连身旁放着的几盆花也溅上了血迹。

被害人单身一人居住，且现场又是与邻舍相隔的独门独院，所以死后许久才被发现，验尸官来验尸时已经过了三天。

“未解剖尸体，还无法推定确切的死亡时间，但看起来是8月9日中午到夜里12点之间被害的。”验尸官含糊地将作案时间推定在12个小时的范围内。

亨特侦探观察到旁边有一盆花，上面溅有血迹的花盆儿里养的是类似仙人掌的植物，茎端开着白兰似的花。此时，花已经完全凋谢了。他断定说：“如此说来，被害时间一定是9日晚8点到12点之间。”

你知道亨特侦探是怎么推断出如此准确的作案时间的吗？

我是答案

女作家被害之谜

亨特侦探所观察的那盆花是“月下美人”。

所谓“月下美人”是仙人掌的一种，开纯白的花，直径有15厘米，但花期只有一夜，是只在夏夜开的一种短命漂亮的花。一般是晚上8点开始开花，4个小时后开始凋谢。

亨特侦探看到凋谢了的月下美人的花瓣内侧也溅有血迹，便推定出死者是在花开约4个小时内被害的。

为什么要开空调

初秋的一个夜晚，在某僻静公寓六楼的走廊上，两名家庭主妇正站着小声说话。突然，608室传来一声枪响，两人吃了一惊，忙去敲608室的房门，但没有回音。用手推推，门又上着锁打不开。所以，两人就报了警。

接到报案后迅速赶来的亨特侦探撞破房门，进屋一看，见卧室的床上，一个男人被枪杀了。手枪击中了他的右胸，当即死亡了。

初秋的季节，本来温度是比较凉爽宜人的。可是案发现场的房间里却闷热异常。亨特侦探一进屋就大汗淋漓。他仔细一看，屋里开着空调，所有的窗户都关得严严的。这么宜人的季

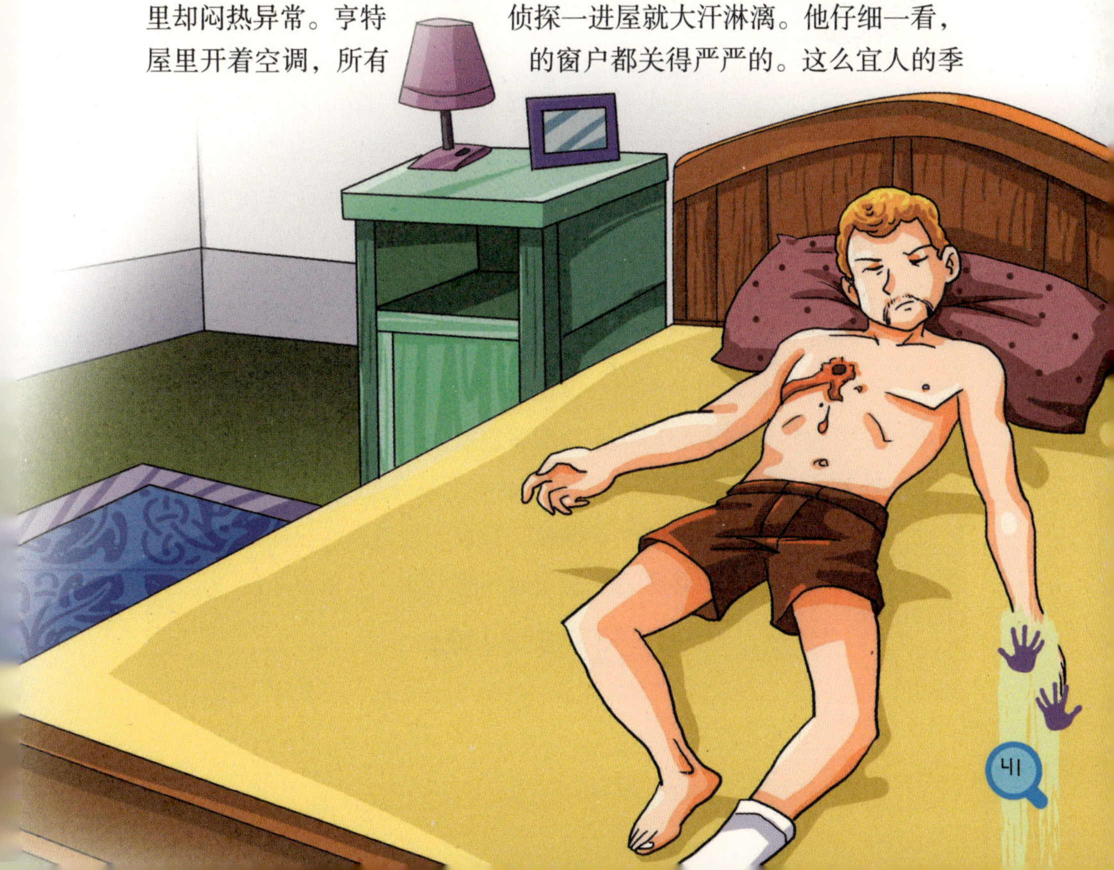

节，为什么要开空调?而且把温度定得这么高?

床边放着椅子，椅子背上用带子固定着一把手枪，枪口正对着被害人的心脏。

枪响时，屋里除被害人外没有别人，窗户从里面插着，可以说同封闭房间一样。被绑在床上的被害人似乎服用了安眠药。被害人是K大学的副教授，三年前与妻子离婚，一个人住在这所房子里。

那么，子弹是怎么发射的呢?

负责这件怪案侦破工作的亨特侦探在固定手枪的椅子腿下发现了一个小小的金属片，这是个约5厘米长的钉子似的东西。亨特去K大学调查时，为慎重起见，请该大学鉴定了这个金属片，结果马上弄清了凶手的作案手段。

那么，这个金属片有什么特别之处呢?罪犯用的是什么手段呢?

我是答案

为什么要开空调

那个金属片，实际是一种形状记忆合金。

所谓形状记忆合金具有一种特性，即能记忆在一定温度下制成的形状(母形)。在低于一定温度时，要其变什么形状就能变成什么形状，但是一旦回到原来的温度，就会还原为母形。这种奇怪的合金，在火灾报警器、恒温箱、眼镜的框架及医疗器械等方面被广为使用。

凶手就是将这种新材料的金属片像曲别针一样弯成U字型，放在手枪的扳机处的。然后打开空调开关，离开房间。这样一来，用不了多久，金属片就会因温度上升而还原至直线状的母形。靠这种还原的力量而扣动了扳机。因还原时的震动，而使还原至母形的金属片落到了椅子腿下。

被毒蜂蜇死的日本商人

在非洲西海岸的加纳共和国首都阿克拉，一名只身来阿克拉常驻的日本商人被毒蜂蜇过死去了。

那天是星期六，在当地人中雇用的管家婆请了半天假，而当她晚上回来一看，主人死在院子里一棵大树的树阴下的椅子上。地上丢着两个空啤酒罐和一些日文报纸。

警察接到老太婆的报案后立即赶来。

“可能是在凉爽的树阴里一边喝着啤酒一边看日文报纸时被毒蜂蜇了。

你瞧他的胸部还有被毒蜂蜇过的痕迹哩。”管家婆指着尸体对警察说。

所谓毒蜂是非洲的一种蜜蜂。它的产蜜能力要比普通蜜蜂高出3倍，但它的毒性很大，一旦被这种蜜蜂蜇了，多么强壮的汉子也会在地上打几个滚儿就死掉的。所以它被称为杀人蜂。

“就算是被毒蜂蜇了，从他没来得及逃进屋里的状况看，大概是喝了啤酒醉醺醺地昏睡过去了。这附近有毒蜂窝吗?”

当警察对周围一带调查一番以后，发现空房的院子里有一棵大洋槐树。

树上有一个很大的毒蜂窝。当时已经是夕阳西下的时候，毒蜂都钻进了蜂窝里，警察轻轻地走到跟前一看，发现在另一个树枝上挂着一台录音机。

“这种地方谁会把录音机挂在这?”警察取下录音机，把磁带倒回一放，是盘音乐带。警察听了一会突然想到什么，马上断定说：“这个日本商人并非是在院子里时偶然被毒蜂蜇死的，这是巧妙利用毒蜂的杀人案。”

这位警察为什么只听了一会儿音乐，就能果断地识破罪犯的诡计呢?

我是答案

被毒蜂蜇死的日本商人

这部微型录音机里的磁带开头录着轻松柔和的华尔兹乐曲，可就在这部乐曲中间突然插了一段节奏紧张、刺激的现代音乐。毒蜂在听轻松柔和的乐曲时表现得温顺老实，而当突然听到这种强刺激的现代音乐时，便马上兴奋起来，野性大发。罪犯就是趁被害人睡午觉的时候，利用毒蜂的这种习性，将录音机里装上这盘磁带，让毒蜂袭击了他。

究竟在哪个国家

秘密情报部的情报员斯拜来到夏威夷。由于迷恋金发美人，被人用安眠药暗算。不知睡了多长时间，他一睁眼，不由惊叫一声，环顾四周，和自己睡在一起的金发女郎不见了，身上穿着不熟悉的睡衣。床和房间完全变了样，他立刻跳起来找衣服，但没找到。

“醒了吗?斯拜先生。”屋顶突然响起声音。

天花板上装着麦克风和监视用的电视摄像机。

“请放心，我们保证你的生命安全。仅仅请你一段时间内一步也不要离开这个房间。”

“这里是什么地方?”

“某个地方。”麦克风里的声音含着冷笑。

“监禁我想干什么?”

“你是位非常重要的贵客。我们的情报人员被捕了，想用你交换。现在正在交涉之中，不久便会答复了。”

斯拜紧张地思索起来。最近，情报部秘密逮捕了数名敌方间谍。不过，其中能与自己对等交换的人物只有两名，一名是加拿大WQ机关的间谍，一名是新西兰秘密基地NS机关的间谍。两个强大的间谍组织，都直接接受克格勃的资金援助。

那么，这里是加拿大，还是新西兰呢?

他仔细地观察起室内，角上放着洗脸盆和便器。高高的墙上，只有一个安有铁栅栏的小窗。窗外全钉着板子。天花板上的荧光灯一直亮着，温度由空调调节，分不清白天和黑夜。

他又仔细地察看便器和洗脸盆，想寻找商标或制造商，以判明是哪个国家，可上面什么也没有。

斯拜仰身躺在床上，看着模模糊糊的窗子，突然，他一起身，抓起牛奶瓶子，准确地击中天花板上的荧光灯，灯被砸碎，室内一片漆黑。在黑暗中，他死死盯着窗上的一点。他刚才观察时，发现从窗上钉着的木板缝隙里，透出一点阳光。可以确定现在不是夜晚。

由于没指南针，不知窗子朝哪个方向。

斯拜盯着窗户下的地面。从小洞射进的一束阳光，在地上照出一个小光点，随着时间的推移，他发现光点渐渐从左向右移动，他已经知道这里是哪个国家了。

那么，你知道斯拜从夏威夷被绑架到了加拿大，还是新西兰呢?

我是答案

究竟在哪个国家

被囚禁在新西兰。

从窗户板子的缝隙孔射入细小的光线，照在地上的亮点从左向右移动，这就是证据。

在南半球，太阳从右向左运行，试想窗子朝北，便容易理解。在南半球，南面的窗子感受不到阳光。如果是北半球的加拿大，正相反，太阳从左向右运行，所以，照在地上的光点，应该从右往左移动。

客人为什么突然酒精中毒死亡

在美国，家庭宴会盛行。今晚，在史密斯家中举行的晚宴此时已进入高潮。

在宾客当中，最受青睐的是青年影星麦克尔。他被女人们围在中间，神采飞扬。尽管平日有些酒量，但由于连连干杯，所以，几杯威士忌下肚后，他已有了几分醉意。

主人史密斯厌恶地望着得意扬扬的麦克尔，用叉子叉上一个沾了调味汁的大虾，走上前来。

“麦克尔，今晚你的领带真漂亮啊，又是哪个相好的送的礼物吧?”

他一边讥讽着，一边若无其事地晃动着手中的叉子，黑红的调味汁溅了麦克尔一领带，丝绸料上顿时污渍斑斑。

“哎呀，真对不起，对不起!”

“不，没关系，这种领带一条两条的算不了什么……”麦克尔好像毫不介意，取出手帕欲将上面的污迹擦掉。

这时，史密斯夫人走了过来。

“要是用手帕擦会留下痕迹的，洗手间里有洗涤剂，我去给你洗洗。”

“不用了，夫人，没关系，我自己去洗。夫人还是去应酬其他客人吧!”

因为有史密斯在场，麦克尔假装客气一番，然后迅速朝洗手间走去。洗涤剂就在洗手间的架子上放着，他将液体倒在领带上擦拭污迹，擦掉后立即回到宴会席上，边喝着威士忌，边与人谈笑风生。突然，他身子晃了一晃便倒下了，威士忌的杯子也从手中滑到地上摔碎了。

宴会厅里举座哗然。急救车立即赶来，将麦克尔送往医院，但为时已晚。

死因诊断为酒精中毒。

然而，只有一个人暗地里幸灾乐祸，他就是史密斯。他得知自己的妻子与麦克尔有私情，才以此进行报复的。

那么，史密斯究竟用什么手段杀了麦克尔呢？

我是答案

客人为什么突然酒精中毒死亡

洗涤剂中含有四氯化碳。四氯化碳是一种无色味香的液体，作为油脂类液剂，被用于衣服的干洗等。

麦克尔用这种洗涤剂擦拭领带上的污迹时，吸入了足量的四氯化碳有毒气体。尤其是饮酒过度时，一旦吸入这种气体，就会导致死亡，其死因不留明显的证据，所以往往被误认为酒精中毒死亡。

这就是说，史密斯为了让麦克尔吸入这种气体，而故意在他领带上溅上调味汁。

恶性逃跑事件

这些天来一直异常干燥，可是，这天夜里一点钟开始却下了一场小雪。

小雪夹着雨，下了一个小时左右。正巧这段时间里，在A市近郊发生了一起恶性逃跑事件。

一个醉汉驾着汽车撞了行人后驾车以最高时速逃离现场而去。

这个司机30分钟后返回市内家里，将车停进了院子里的车库内。车库只有一层尼龙板顶棚，地面是水泥的。他用水管冲洗了湿漉漉的轮胎，也消去了车子出入的痕迹。幸亏车身没留下明显的伤痕，连车灯也没损坏。他把被雨淋的车身用干毛巾擦过，又把一个轮胎的气放掉了。

可是，在其逃离现场时目击者记下了他的车牌号码。

在晚上11点，刑警找到了逃跑罪犯的家，检查存放在车库里的汽车，并询问作案期间不在现场的证明。

“正如你所见，我的车胎昨天就坏了，今天一次也没开出去。所以，逃跑的罪犯不是我，目击者也一定是记错了车号。”罪犯表白着。

车前箱盖上不知什么时候留下几处猫爪印儿，是猫带泥的爪印和卧睡的痕迹。

“你府上养猫了吗？”

“没有，这是邻居家的猫，或是野猫吧。经常钻进我家院子里来，在车上跳上跳下地淘气。”

“的确……如果那样，你所说的这车胎昨天就坏了的说法是不能令人信服的。你可以若无其事地说谎，可猫和汽车都是老实的。”

刑警当场就揭穿了他的谎言。

你知道刑警抓住了什么证据吗？

我是答案

恶性逃跑事件

看到前箱盖上印着猫走过的泥爪印，刑警便揭穿了那个家伙的谎言。

寒冷的冬季，猫所以喜欢爬到前箱盖上去，是因为那里暖和。

罪犯抛下被撞的行人不管，逃回家中，将车存放在车库内。但是，那之后即使马达停转，但前箱盖不会马上冷却，对于猫来说是很好的取暖设备。

在逃离现场之前，如果猫上过前箱盖的话，因为前些天持续干燥，是不会留下猫的泥爪印的，在逃离现场事件前后，下了雨，车库旁的院子地面是湿的，所以，才有泥爪印。

塑料大棚里的起火案

植物学家普兰特在自家院子里盖起塑料大棚，栽培稀有花草。可是在一个晴朗的冬日中午，大棚发生火灾，所有的花草付之一炬。是大棚中的枯草着了火引燃的。

然而奇怪的是，塑料大棚里没有一点儿火源，也没有放火的迹象。大棚外面的地面因昨晚下过一场雨湿漉漉的，所以如果有人来此纵火，照理会留下足迹的。可周围没发现任何足迹。

普兰特找不出起火原因，便请亨特侦探出马查个究竟。

亨特侦探立即赶来，详细检查了现场。

“昨晚的雨量有多大?”

“我院子里雨量表上显示的是约27毫米，可今天从一大早起就晴空万里，没有一丝云彩呀。”

“阳光直射塑料大棚，里面会产生多高的温度?”

“冬季是十七八摄氏度，可这个温度是不会自燃起火的。”普兰特回答说。

“没有取暖设施吗?”

“是的，没有。”

“棚顶用的也是透明塑料膜吧。”

“是的。”

“果然如此……。那么，起火原因也就清楚了。”亨特侦探马上找到了起火的原因。

那么，到底是怎么起的火呢?

我是答案

塑料大棚里的起火案

是积水形成的凸透镜所致。

塑料大棚的棚顶有坑洼处。因昨晚下雨洼中积水，而积水正好形成凸透镜状，阳光折射聚焦。其焦点的热量使塑料大棚里的干草自燃。

究竟是谁在说谎

一天，纽约一家大名鼎鼎的珠宝公司的三个合股人德默特、霍克和洛克乘上飞机，飞往佛罗里达，打算在德默特的海边别墅度假。

第二天下午，海面上风平浪静。德默特带着霍克(他是位不熟悉水性的钓鱼爱好者)，乘上自己那艘40英尺长的游艇出海钓鱼，洛克是位鸟类爱好者，他自愿留在了岸上。

哪知，霍克栽入海中身亡。验尸报告证明霍克死于溺水。到了法庭，德默特的辩解跟洛克的证词发生了矛盾。

洛克回忆：“我那天坐在别墅后院乘凉，发

现一只很少见的橘红色小鸟飞过。我来了劲，跟踪小鸟来到前院，举起望远镜观察那只鸟在高大的棕榈树上筑巢。当时，我的望远镜无意中对准了海面。哪知，正看见德默特跟霍克在游艇上扭打成一团。我在望远镜中看得清清楚楚，德默特把霍克推到游艇边上，将他的头按入水中。”

德默特马上大声分辩：“霍克在船舷探出身子钓鱼，正巧吹起大风掀起巨浪，小艇摇摆起来，他失去重心落水。等我把他捞起来时，霍克已经淹死了。很多人都知道霍克是只旱鸭子，洛克这么做，是想加害于我。”法庭一时陷入了僵局……

请你认真思索一下，究竟是谁在说谎呢？

我是答案

究竟是谁在说谎

洛克在说谎。

棕榈树没有枝杈，只有一柄宽大的叶子，鸟儿在上面难以筑巢。洛克不可能像他讲的那样看见鸟儿在棕榈树上筑巢。洛克在说谎。他虽然是较有经验的鸟类爱好者，但他的热带植物知识不行，所以谎话出了漏洞。

头发绳的秘密

如同天气预报报的一样，这是个台风过后初秋的爽朗的早晨。

某海边公寓的931号房间，突然传来一声枪响。睡在床上的外国女游客被击中头部，当即死亡。她服了安眠药，睡得很死。

凶器手枪被固定在床头上，可不知为什么，扳机处系的却是长长的金发，而且另一端系在柱子的钉子上。是用被害人长长的几根金发编在一起拧成的头发绳。

不久，警察通过搜查逮捕了凶手。但奇怪的是，在调查不在现场的证明时，发现此人前一晚正好在刮台风时离开了公寓，而次日枪声响时，则在距离现场很远的地方。

那么，究竟是怎样开的枪呢?

我是答案

头发绳的秘密

由于热带低气压的关系，台风的湿度很大。另一方面，头发具有这样一个特性，即湿度一低就会收缩，湿度一大就会伸长。

凶手恰恰就是利用了头发的这两个特性作的案。在台风通过时，在手枪的扳机上系上用长长的头发做的绳，等台风过后天气放晴时湿度降低，头发就开始收缩，靠这种收缩的力而拉动扳机，就自动开了枪。

人的头发，特别是金发，每米有约2. 5厘米的伸缩度。正是利用这种伸缩性，制成了头发湿度计。

一条普通的牧羊犬

大侦探布里克森，在街上溜达时遇上了同乡拉平。拉平牵着一条普通的牧羊犬。为了还赌债，拉平想将此狗高价卖给布里克森。

“老兄，我这条狗的名字叫麦克，它可非同一般啊!”拉平接着绘声绘色地往下说，“在我家的农场旁边，有一条沿着山崖修建的坡度很大的铁路。一天，有块大石头滚到铁轨上，此时远见一列火车飞快冲来。我想爬上山崖发警告信号，可扭伤了脚摔倒在崖下。在这紧急关头，我这宝贝狗麦克飞奔回家，拽下我晒在铁丝上的红色秋衣叼着它闪电般冲上山崖。那红色秋衣迎风飘扬，就像一面危险信号旗。司机见了立即刹车，这才避免了一场车翻人亡的恶性事故。怎么样，我这宝贝麦克有智有谋，非同一般吧?”

拉平正欲漫天要价，不料话头被大侦探布里克森打断：“请另找买主吧，老弟，不过，你倒很会编故事，将来定是位大作家!”这显然是讽刺之言。

请问，大侦探为何要讽刺卖狗人拉平呢?

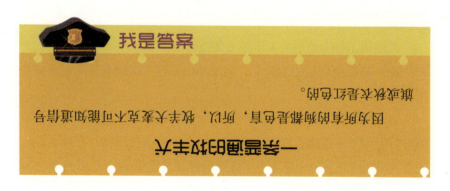

我是答案

一条普通的牧羊犬

因为所有的狗都是色盲，所以，牧羊犬麦克不可能知道信号旗或秋衣是红色的。

墓石移动之谜

1924年，英国的侦探小说《福尔摩斯探案集》的作者柯南道尔在英国北部的斯戈托勒多地区旅行。

一天，H男爵的遗孀来拜访他，说："五年前，先夫不幸去世。我为他建造了一座墓。谁知每年到了冬天，墓石就会移动一些。"

"墓石仅仅在冬天移动吗?"

"是的。这个地方的冬季特别冷。每年一到冬天，我就到法国南部的别墅去。春天再回来，并去先夫墓地扫墓。这时，总发现墓石有些移动。"

柯南道尔好奇地请夫人带他去墓地看看。

在一堆略微高起的土丘上，墓地朝南而建。四周有高高的铁栅栏围住。

在沉重的四方形台石上面，有一个直径八十厘米的用大理石做成的球石。为了不使球石滑落，台石上挖了一个浅浅的坑，把球石正好嵌在坑里面。正面的十字架差不多快隐没在浅坑里了。

浅坑里积有少量的水，周围长满苔藓。如果球石的移动是有人开玩笑，用杠杆来移动它，那在墓地和苔藓上总该留有一些痕迹，可又一点痕迹也没有。如果有人不用杠杆而是用手或身子推球石，那凭一两个人的力气是根本推不动的。

"会不会是地震的缘故?"柯南道尔问。

"附近的人说最近几年这里没有发生过地震。所以，我想，一定是亡夫在显灵。"

柯南道尔摸了一下浅坑里的积水，沉思了片刻后说：“夫人，很抱歉。墓石的移动与男爵的灵魂没有任何关系。”接着他讲出了一番道理。

事实证明，柯南道尔的推论完全正确。

你知道柯南道尔是怎么推断的吗?

我是答案

墓石移动之谜

柯南道尔在研究了球石所安放的浅坑里积有雨水的现象后，就明白了这是怎么回事。

原来，这个地方的冬天特别冷。由于下雨落雪，使坑里积了水，到夜晚就结成冰。白天，这坑里南面的冰因受太阳的照射，又融化成水，而北面由于没有太阳照射，仍结着冰。这样，北面的水结成冰，而南面的冰又融化成水，沉重的球石便渐渐地出现倾斜，从而非常缓慢地向南移动。其正面的十字架，必然也会渐渐地被隐埋起来。这种物理现象，就是男爵的墓石之所以移动的原因。

残害鸵鸟的凶手

在某动物园，鸵鸟惨遭杀死。不仅仅是杀害，而且还剖了腹，把鸵鸟的肠胃都剁烂了。

这只鸵鸟是最近刚从非洲进口的，是该动物园最受欢迎的动物。

凶手是深夜悄悄溜进鸵鸟的小屋将其杀死的。

那么，凶手可能是什么人?凶手为什么会采取这么残忍的杀法呢?

我是答案

残害鸵鸟的凶手

凶手是利用鸵鸟的胃走私钻石的犯罪团伙。

鸵鸟有个与众不同的特殊的胃，能吞小圆砾石或小石子。

杂食性的鸟因没有牙齿，所以用沙囊来弄碎食物帮助消化。这种小石子不排泄，永远留在胃中。因此，罪犯在从非洲出口鸵鸟时，让其吞了大量的昂贵钻石。这样一来，便可躲过海关的检查，走私钻石了。而他们在鸵鸟入境成功后，再伺机杀掉鸵鸟，从胃中取出钻石。

借条的字迹是如何消失的

春季的一天，老朋友乔治愁眉不展地走进亨特的侦探事务所。

乔治焦急地讲述道："上个星期，我偶尔在茶馆里碰上一个熟人，他说几天前才从监狱里出来，要借两千块钱，一周之内肯定还。当时就在我的名片背面写上'借用两千元'几个字，很像回事儿似的打了一个借条，还签上了名字。我接过后，便顺手装进口袋里了。但一周过去了，未见他来还钱。今天早晨无意中从口袋里掏出名片一看，真奇怪，那张写着借条的名片不见了!只剩下背面什么也没写的名片。不知什么时候，那张写字的名片被人替换了。"乔治感到不可思议。

亨特问："那张借条是用钢笔写的吗?"

"是的，是用他的笔写的。"

"墨水是什么颜色的?"

"是普通的蓝色。"

亨特想了想说："我知道向你借钱的那个家伙所使用的手法了。你被骗了!"

那么，骗子使的到底是什么手法?借条的字迹是如何消失的呢?

我是答案

借条的字迹是如何消失的

骗钱者在淀粉溶液里加上二三滴碘制作成墨水灌进钢笔里，以此来写借条。

这样一来，灌进钢笔里的东西就会成为像蓝墨水一样的液体。但这种液体写出的字，四五天后，就会因化学反应而彻底消失。许多学生也在化学实验课堂上做过这种实验。

好说大话的侦探

一天，有个好自吹自擂的私人侦探对朋友吹嘘道：“昨天，我在池塘钓鱼，一个刺客偷偷从背后过来，正要用匕首刺我。这时，我从池塘的水面上看到了他的身影，便迅速挥起鱼竿朝后抡去，正好鱼钩钩住了那家伙的脸，那家伙号叫着逃走了。”

听了此话，他的朋友不相信，说道：“纵然你是个名侦探，这种事也不可能吧?”

那么，他朋友怀疑得有道理吗，为什么?

我是答案

好说大话的侦探

当然有道理。水面上不会有身影。

私人侦探说，“刺客从背后过来时，他从水面上看到了刺客的身影”，这是在撒谎。池塘的水面是水平的，在垂钓者的下面。池塘边的人能看到映在水面上的只能是自己前方的人和景物。只要不是用倾斜的镜子，是映不出身后的人影的。

一棵大椰树下的死尸

这是一对新婚医生夫妇在蜜月旅行中发生的事情。

为了欣赏海边火红的夕阳沉入大海时的壮观美景，夫妇俩正沿着金色的沙滩漫步，突然发现一个身着泳裤的青年倒在一棵大椰树下死在那里。他们一时被惊呆了。

看上去这个青年的太阳穴被打破，有血流了下来，并且已经凝固变干。

尸体旁边有一颗大椰子，椰子上还沾着血迹。

椰树下的沙地上留着大螃蟹爬过的痕迹。

新娘是大学海洋生物专业的毕业生，她指着地面的痕迹说："这可能是椰蟹爬过的痕迹。"

"椰蟹……?那样的话，就是这位青年在树下睡觉时，有一只椰蟹爬来，爬上椰树，用自己的大剪刀剪断椰子掉在树下，椰子正好落在睡觉的青年人的头上。"新郎抬头看了看椰树说。

那棵树上还挂着几颗椰子。

又硬又重的椰子从十五六米的高处落下打在头上的话，自然能把人砸死。

丈夫用手触摸尸体检查了一下，说："可以肯定，这个青年大约死了四五个小时了，那时正是今天下午2点至3点钟期间?

新娘马上很有把握地说："如果那样，这就不是事故死亡，而是杀人案件呀。罪犯用椰子打击被害人头部以后，伪装了树下的椰蟹的

足迹，伪装成椰蟹干的勾当。”

事后，警察经过认真调查，果然证实了新娘的推断。

你明白这是什么道理吗?

我是答案

一棵大椰树下的死尸

椰蟹是体重1.5公斤左右的大型甲壳类陆生寄居蟹，生长在冲绳、台湾、南洋诸岛。它们白天钻进海岸的洞穴内，几乎不出来，而夜里活动。因此，绝不会发生大白天被害人在椰树下睡觉而椰蟹爬到椰树上把椰子剪掉的事情。

而且，即使在夜里，椰子的果蒂是坚硬的纤维物，尽管椰蟹的前爪再大(25厘米左右)也不具备剪断椰蒂的力量，充其量就只不过是爬到树上吃嫩芽，啃吃落在地上摔裂开的椰子果肉罢了。

罪犯不但不了解椰蟹夜间出来活动的习性，而且盲目地相信了椰蟹的大剪子可以剪断椰蒂，把椰子从树上剪落下来的传说，才搞了如此的伪装现场。

如何故意放的火

在树林深处的一所房子里，住着独身生活的画家和他的小猫。就在画家外出旅行期间的一天，房子起了大火。眨眼之间，一切都化为灰烬。幸亏下了一场大雨，树林的树木潮湿，火势未能蔓延开。

从着火现场发现了被烧死的小猫。它被关闭在密封的房间里，因没有猫洞，无法逃脱，而被活活烧死了。

现场勘查结果表明，起火点是一楼大约12平方米的房间。可是，房间里没有任何火源，也没有漏电的痕迹。煤气开关紧闭，又无定时引火装置。

不过，因为在书架下面的地面上发现了一个破碎的鱼缸，在烧焦了的席子上发现有熟石灰。于是，警察认定是为谋取火灾保险金而故意放火，并逮捕了画家。一所建了30年之久的旧房屋，竟投保了高额保险金，实在令人怀疑。

那么，正在旅途中的画家，究竟使用了什么手段放的火呢?

我是答案

如何故意放的火

装满了水的金鱼缸放在书架上，书架下面的席子上放上生石灰，并且只留点儿猫食紧闭在室内，画家便外出写生旅行了。

看家的猫，不久因口渴找水喝。它找遍了各处，发现书架上的金鱼缸。为了喝到鱼缸里面的水，它两只前爪扒在鱼缸上，此时，鱼缸倾斜跌落下来，水洒了遍地。当然，画家为了使鱼缸容易跌落，故意放得不稳。

金鱼缸洒出来的水，正好浇在生石灰上。生石灰遇水发生化学反应，产生强热变成熟石灰。其热能燃着了书架上的书籍和席子，造成火灾。

放在梳妆台上的钻石戒指

深夜，日本电视节目主持人山田美惠子回到寓所。当她洗完澡回到卧室，发现放在梳妆台上的钻石戒指竟然不见了。

一会儿，接到报案电话的警察局值班侦探段木五郎驱车赶来。他仔细查看房间的每一个角落，寻找着罪犯可能留下的脚印和指纹之类的罪证。但是什么也没发现。他走到梳妆台前，看着上面的项链和耳坠，问：“小姐，您只丢了一只戒指吗?”

“是的，只丢了一只戒指。项链和耳坠，还有手镯都在。不过，这只戒指很名贵，不仅戒圈是24K纯金的，而且戒面上的钻石是块很大的天然宝石，价值一万多美元，是一位先生向我求爱时送给我的。”

侦探忽然从梳妆台上捡起一根火柴又问：“这根火柴是你放

在台上的吗?”

“不!只有厨房里才有火柴。”

“你洗澡的时候，卧室里的窗户也是开着的吗?”

“是的。可是，这是第十层楼，窗框上还有铁栏杆呢，门也是锁好的，贼怎么能进来呢?”

侦探忽然问：“这楼附近有谁家养鸟吗?”

美惠子奇怪地瞧着侦探，说：“有啊，四楼山本家有一只鹦鹉，三楼黑田家有一只猫头鹰，六楼川远家有几只信鸽……”

侦探突然说：“罪犯我找到了，走，到三楼黑田家去讨回你的戒指吧。”

他们敲开了黑田家的房门。段木五郎先生掏出证件对黑田说：“我是警察，到你家里看看。”说着大踏步走进黑田的房间。写字台上果真有一只闪闪发光的钻石戒指，旁边蹲着一只目光炯炯的猫头鹰。侦探拿起戒指问美惠子：“小姐，是这只戒指吗?”

“正是我的戒指。”她说着拿过戒指，套在自己手指上。

黑田顿时脸色发白，他没想到段木五郎分析得完全符合事实，只得将双手伸进段木五郎掏出的闪亮的手铐里……

你知道段木五郎是怎么推理的吗?

我是答案

放在梳妆台上的钻石戒指

是这根小小的火柴给段木五郎提供了重要的线索。段木五郎发现火柴上留有鸟嘴的咬痕，于是向美惠子打听这栋楼居民养鸟的情况。他在鹦鹉、猫头鹰、信鸽等鸟中，断定是猫头鹰干的。因为窗是开着的，人虽然爬不进去，而鸟却是可以自由进出的。在这些鸟中，只有猫头鹰适合于夜间行动。主人怕猫头鹰在行动中可能发出叫声，所以平时训练它咬火柴飞行。这只能干的猫头鹰飞到美惠子房间后，看到闪光的钻石戒指，便丢下火柴，咬了戒指飞回。

编造假案的银器店老板

美国西部的马丽安街有一家银器店，店主名叫霍勒斯。他销售中档银器，也收购古典银器。

这天，霍勒斯急匆匆来警察局报案，说他店里12只贵重的银器被抢，其中8只是戈麦斯太太的寄卖品。

值班警官奥立佛接待了这位老板，并问他：“银器是怎样被抢的，请您把案情详细说说好吗?”

以下便是店主霍勒斯的叙述：“下午一点钟刚过，我一个人待在店里。我背对着门，正在擦一只贵重的银器，这时，我感到背后腰眼处顶上了手枪，一个陌生的声音威胁说：不准回头!把展柜里的东西一件件举起来递给我!你要胆敢回头看我一眼，我送你这胖猪去见上帝!我无可奈何，只好将柜子里的12只贵重银器递给了强盗。”

奥立佛不动声色地听着，见报案的店主说完，他沉吟了片刻，复又发问。

“那么，这强盗你是未瞧上一眼啦?”

“不，我尽管没有回头，但只要这家伙再露面，我一眼就能认出他!”店主说。

“怎么，老板，你有特异功能?”奥立佛警官佯笑地问道。

“是这样的，这被抢的12只银器中，有一只擦得雪亮的新银盘，当我把这只盘底又深又圆的意大利式果盘递给强盗时，我故意将它往上侧举了一下，这样，我就看到了罪犯的脸，银盘就同镜子一般，那家伙长着小胡子，三十几岁的样子。”店主解释道。

"你为了吞掉别人寄卖的银器，竟耍花样耍到警察局来了!"奥立佛说罢，当即一拍桌子，"来人，将这编造假案的家伙关起来!"

请问，警官从店主的话中听出了什么破绽?

我是答案

编造假案的银器店老板

店主霍勒斯编造的案情有一个很大的破绽，那就是：凹圆的银盘绝对不可能照出他身背后的任何物像，而只能照出他本人在盘底变了形的倒影。

被扔到公园里的自杀女客

月光庄是坐落于湖畔的一家老旅馆，客房并不多。

那是夏天某日下午4点左右的事。服务台的良子给“红叶间”打了电话，却没人接，因此感到一种不祥之兆。

住在那间客房的客人是个三十来岁的女人，是今天中午一个人来的。本来旅馆有规定，单个来的散客尽量回绝，可眼下是生意萧条的季节，住客又少。

“同伴随后就到，所以……”女客说着，慷慨地先付了房费，所以也就相信了她，并给了她“红叶间”。可过了两小时了，她的男伴儿还没有来。

良子心中充满不祥之感，去那个房间一看，果真应验了：女客穿着衣服倒在被子里已经死了。她是自己从柜子中取出被子铺的床，枕边放着遗书和一瓶没喝完的可乐。

良子打开遗书一看，发现她自杀的动机是了结三角关系，喝下了掺有氰化钾的可乐。

“死就死吧，可偏偏选中了我这儿，真是个任性的人啊。我一再说不要收单身来的女客!”闻讯赶来的旅馆老板看到尸体，气得直咋舌。

“对不起，可她说同伴随后就来，所以……还是给110挂个电话吧?”

“说什么蠢话!弄了个自杀的来还嫌不乱，还要把警察也招来，要是在报上登出来，客人谁还敢来住店?”

“那么怎么办好呀?”

“扔到后边的公园去。那里前几个月殉情者不断，所以再来一个，警察也不会怀疑吧。幸好，遗书中没有写在哪儿死。”老板说着，告诉良子要保密，不要让其他的女服务员知道此事。

他们暂且将尸体就那么放着，等到深夜，住客们都沉睡的时候，老板让良子帮忙将尸体搬到月光庄后边的自然公园。

在俯视湖水的公园的坡路上，夜来香及仙人草等在月光的沐浴下盛开着鲜花。两人确认附近没人后，将尸体抛在人们不大注意的草丛中。女人的手提包中装有手帕，将手帕铺开垫在尸体的屁股下。遗书放进手提包中，掺毒的可乐空罐儿也丢在尸体旁边。当然，也没忘了给尸体的两脚套上鞋子。

这样一来，警察一定会相信是在这儿服毒自杀的。

在公园里的尸体，第二天早晨8点左右被发现。一位带着狗散步的老人发现了尸体。

搜查主任来晚了，等他到现场时，验尸基本上完了。

“死因正如遗书上写的，是氰化钾中毒死亡。”验尸官报告说。

搜查主任浏览了一遍遗书后，搬动尸体一看，发现地上有一朵黄色的夜来香花压在尸体下面。

“死亡推定时间?”搜查主任问验尸官。

“不解剖无法知道准确时间，但死后有十八九个小时了，所以应该是昨天下午2点左右死的。”

“的确……要真是这样，即便是自杀，死亡的场所也不是这里，而是在别处死的。一定是尸体妨碍了谁，而被移尸到此。”搜查主任这样判断着，向湖畔的月光庄投去了疑惑的视线。

那么，搜查主任是根据什么这样推理的?

我是答案

被扔到公园里的自杀女客

搜查主任看到夜来香开着花被压在尸体之下，就看破了伪装的现场。

夜来香，在夏天，傍晚开黄色的四瓣花，到了第二天早上，花就凋谢。

所以，假如这个女性真的是昨天白天2点左右在这儿自杀的话，压在身下的夜来香就不会开花。

罐子的颜色

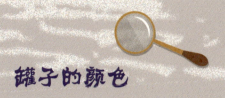

伊拉克首都巴格达的大街上，人流如穿梭，热闹非凡。

这天，天气特别好，太阳旺旺地燃烧在头顶。一个盲人拄着拐杖，蹒跚地行走着，卖罐商人利拉的叫卖声把他吸引了过来。盲人翻了翻混浊的眼珠子问道：“怎么个卖法?”

利拉又说了一套不知重复多少遍的话：“白罐两元一个，黑的比白的结实耐用，要三元一个，现在只剩下四个白罐和一个黑罐了。”

“那我买一个黑罐。”盲人付给利拉三元钱。

此时，利拉蹦出个邪念来：他是盲人，就给他一个白罐。谁知盲人将它上下摸了一会儿，又伸手摸了摸其余四个，突然气愤地叫道：“你这个奸商，怎么竟欺骗一个双目失明的人!”

利拉以为盲人受骗多了，见绳疑蛇，故意吓自己的，便狡黠地说：“老人家，你就别疑神疑鬼了，我不至于坏到要欺骗你这样令人同情的人吧。”

“奸商!狡辩!”盲人更加气愤了。

过路行人纷纷围过来，知道事实真相后，一致指责利拉利欲熏心，道德沦丧。

利拉见众怒难犯，只好给盲人换了一个黑罐，并不停地打招呼，以示歉意。但大家都觉得很奇怪：盲人的手怎么能分辨出颜色呢?

你知道是为什么吗?

我是答案

罐子的颜色

很简单，白罐子反射阳光，黑罐子吸收阳光。在阳光下晒一会儿，用手一摸，黑罐子比白罐子更热些。

一个中年妇女的尸体

冬末初春一个晴朗的日子，一对喜欢徒步旅行的夫妇外出去京都郊外采集春天的野菜。当他们走到一个小池塘边上的杂木林里时，突然发现地上倒着一个中年妇女的尸体，于是惊慌地报告了警察。看上去这个妇女也是来采山野菜的。采到的山野菜有繁缕、荠菜等，都装在塑料袋里。

虽然死了二三天了，但尸体上哪也找不到外伤。为慎重起见，经大学医院解剖后，从血液里检查出卵磷脂酶。

“卵磷脂酶?是什么?先生。”

年轻的刑警听到陌生的专业用语，问解剖的医生。

“是蛇毒，这毒液进入身体的血液后，血清中的磷脂便分解成卵磷脂，大量杀死红细胞和细胞，以致夺去生命。死者左腿小腿上有两处被蛇咬的痕迹。一般蝮蛇习惯于咬长筒袜上方的部位。”医生详细地说明着。

“如此说来，那个杂木林里还真是应该竖着一块‘当心蝮蛇’的木牌子哩。”刑警想起现场的状况，会意地点着头。

可是，当他急忙返回署里报告署长时，“什么?蝮蛇?胡说!即使死因是蛇毒所致也不是在这儿被毒蛇咬死的。这是一起巧妙作案的杀人事件。”署长斩钉截铁地断言，使年轻的刑警大吃一惊：“啊，杀人?”

“是罪犯将蛇毒注射到被害人的体内，再将尸体扔到杂木林里的，是伪装成被蛇咬的现场。像被蛇咬的小小的伤痕一定是用针注射的痕迹。尽管如此，这也是个愚蠢的罪犯。”署长果断地下了结论，轻蔑地笑着。

你知道署长凭什么做出这样的结论吗?

我是答案

一个中年妇女的尸体

采春天的山野菜是旧历的正月，还是冬季。在日本温带气候生息的蛇类，是靠冬眠渡过漫长而寒冷的冬天的，所以，冬季里的蛇是不会袭击人的。

这个罪犯疏忽了腹蛇要冬眠的习性，真是个愚蠢的家伙。

八仙花的证据

这是发生在美国的一个故事。

一个夏天的夜里，一对夫妇因感情不和，丈夫用手枪杀害了妻子，然后他在院里盛开的八仙花下挖了个坑，把凶器手枪埋藏起来。那株八仙花开满粉红色的花。

随后，他伪装成有持枪歹徒闯进家里杀害了他妻子的样子，报告了警察。警察信以为真，便开始立案侦查。当然他们是无法抓到虚构的凶手的。

此案悬而未破已达一年之久，迎来了第二个夏天。一天，负责过此案侦破的警官路过这家门前时，无意中看了看院子里盛开着的八仙花，他突然灵机一动：花的颜色怎么跟去年不一样?于是，他马上就弄清了案情的真相，他挖开八仙花的根部，找出生了锈的凶器手枪。

那么，为什么这位警官一年之后，同样只是看了一眼八仙花，就会知道手枪埋在花下面了呢?

我是答案

八仙花的证据

那株八仙花，去年开的是粉红色的花，可今年却开出蓝色的花。警官发现了这一变化，便弄清了案件的真相。

八仙花会变色，是因为其受土壤中酸碱成分变化的影响。土壤呈酸性时开蓝花，呈碱性时则开粉红色的花。花的根部埋了手枪，因铁会生锈，致使土壤变为酸性。所以，去年开过粉红色花的八仙花，今年则变成了蓝色花。

谁最先发觉有人开枪

一天，华生和福尔摩斯在居室闲坐喝茶。华生自信自己也有较强的观察分析能力，决定出一个难题试试福尔摩斯，于是笑着说道：“福尔摩斯先生，我这儿有一个难题想请教一下您，行吗?”福尔摩斯转过头说：“行啊!你说说看。”

华生喝了一口茶，开始出题：“在坎布连山区，有两座有名的高山，中间相隔大约五百多米。一天，两个残疾人在一个正常人的带领下前

来登山。两个残疾人中一个是盲人，一个是聋人。三人在傍晚时分攀登到了一座山的顶峰。随后，面向对面的山峰停下来休息。那个正常人因为太疲倦，一坐下来就睡着了，而那两个残疾人还精神蛮好地坐着。夜已经很静了，突然对面山上有人向这边放了一枪，盲人马上听见了‘砰’的一声枪响；聋人也立刻看到了枪口上的火光，而睡着的人也在当时发觉了放枪，因为子弹刚好擦着他的耳根飞过。当后来警察来调查时，三人都夸耀自己感觉最敏锐，都说是自己最先发觉有人开枪。福尔摩斯先生，您能告诉我他们三人中谁是最先发觉有人开枪的吗?”

福尔摩斯不等华生话音落地，立即说出了准确的答案。

你知道谁最先发觉有人开枪的吗?

我是答案

谁最先发觉有人开枪

发觉有人开枪，最早是聋子。因为光的传播速度是每秒30万千米，比空气中声音的传播速度和子弹的飞行速度都要快得多。

狩猎营地发生的惨案

福德尼在山区狩猎时，获悉营地发生了一桩惨案。他想自己对破案或许会有所帮助，便赶了过去。他倾听了受害者的伙伴威利对事故经过所做的叙述。

“昨晚9点钟光景，穆尔仍未返回营地，这时我有点儿担心，因为他对这一带山区不太熟悉。当时没有星光，没有月色，四下里一片漆黑。我考虑再三，最后决定出去寻找他。你知道吗，我们周围5英里范围内是见不到人的?

“我往篝火上添了些柴，便出发了。搜寻了一个小时之后，我来到深谷旁的一处斜坡，猛然间，我发现有一对眼睛朝着我闪光。

“我连喊两声，不见有任何回答，便抬枪射击，心想那一定是头山狮。可当我走到跟前，划着了火柴，我才发现我击中的是早已死去的穆尔。那情景真是可怕极了!

“我把他搬回营地，然后找到离我们最近的住家，并报了案。”

福德尼听后，沉吟了片刻，问道：“你为什么要蓄意谋杀穆尔!”

威利被问得瞠目结舌，半天答不上话来。

请问，福德尼是怎么知道威利就是杀人凶手的呢?

我是答案

狩猎营地发生的惨案

那是一个没有星光和月色的漆黑夜晚，任何动物的眼睛都不会闪光，除非有光亮，其眼睛才会反光。因此，威利不可能看见人眼在黑暗中闪光。很显然，这是谋杀。

拿什么花的是海伦

卖唱的美少年阿尔芒，在英国的诺丁汉郡偶然遇见了当地有名的美人玛格丽特。玛格丽特的美貌深深地迷住了阿尔芒。从此，阿尔芒

经常在玛格丽特的窗下弹唱，倾诉自己对她的爱慕之情，终于赢得了姑娘纯真的爱情。

但是，玛格丽特的父亲却不赞成这么一门亲事，可又因为玛格丽特一定要嫁给阿尔芒，他只好出一道难题来考阿尔芒。

玛格丽特的父亲找来了两个身材与自己的宝贝千金极其相似的邻家少女，同玛格丽特一起用纱巾蒙住全身。站在纱帘后面的三位少女，每人都伸出一只纤纤玉手，拿一朵鲜花。

此时，真正的玛格丽特无法与阿尔芒打招呼，她见两个少女选择的是月季花和玫瑰花，就灵机一动，选择了一朵郁金香。然后玛格丽特的父亲叫阿尔芒来猜拿什么花的是玛格丽特，如果他猜中了就把女儿嫁给他做妻子。

阿尔芒略一沉思，便对玛格丽特的父亲说：“我已经认出来了，拿郁金香的是您的千金小姐玛格丽特。”当阿尔芒拉着玛格丽特走到她的父亲面前时，老人再也无话可说了。

请问，美少年阿尔芒是怎样断定拿郁金香的准是玛格丽特呢?

我是答案

拿什么花的是海伦

因为月季花和玫瑰花都是带刺的，而郁金香却没有刺。这正是玛格丽特对阿尔芒的暗示：选择这朵爱情之花吧，它不会扎你的手。

森林女神青铜像

埃夫文的妻子被人杀死了。埃夫文对检察官说："昨夜我很晚回家,撞上一个人从我妻子房里跑出来，跌跌撞撞跑下楼梯，借着门口那盏昏暗的长明灯，我认出他就是吉姆·西斯蒙。"

被告西斯蒙愤怒地嚷道："他在撒谎!"

埃夫文继续说道："西斯蒙大约跑出一百码远，扔掉了一件什么东西，那东西在乱石坡上碰撞几下后滚进深沟，在黑暗中撞出一串火花。"

"这是胡编!诬告!"西斯蒙气得满脸通红。

检察官举起一座森林女神的青铜像说："对不起，西斯蒙先生，我们在深沟里找到了这件东西，要是再晚一个小时，那场大雨也许就把这线索冲掉了。铜像底部沾的血迹和头发是埃夫文太太的。我们在铜像上取到一个清晰指纹——这是您的指纹。"

西斯蒙反驳道："我当时根本没去他家。昨晚7点，埃夫文打电话给我，说他8点钟想到我家里谈点儿事，我一直等到半夜，也不见他来，就睡觉了。至于指纹，那可能是我前几天在他家拿铜像玩时留下的。"

检察官找到大侦探哈莱金，把此案所了解到的情况说了一遍，最后说："埃夫文和西斯蒙是同事，近来关系一直不好。"

"很明显，埃夫文在诬陷西斯蒙。"哈莱金指着那座森林女神青铜像说。

你知道埃夫文在哪里暴露出是在诬陷西斯蒙吗?

我是答案

森林女神青铜像

关键是在青铜像身上——埃夫文声称，西斯蒙逃跑时扔掉的那件东西在岩石坡上撞击几下之后滚下深沟，还在黑暗中划出一串火花，并说这是凶器。这是一段谎言，因为青铜是一种抗摩擦的金属材料，古时候它被广泛用于制造大炮，青铜在岩石上不会撞击出火花。

丢失的金块

百万富翁乔纳森的卧室被盗，一块重20盎司的黄金不翼而飞。警方周密地侦察现场，对富翁身边和有关的人一一审查，先后排除了作案嫌疑，只剩下化学研究所的药剂师兰波了，他是在案发时间唯一去过乔纳森卧室的人。

兰波矢口否认，并且自愿让警方搜查他的住所和工作室，结果一无所获。

协助破案的名探阿尔金在研究所实验室里搜寻着，实验台上一瓶“王水”映入眼帘。他灵机一动，从实验台上取下了它，打开瓶盖，用镊子夹着一块铜放了进去。很快，奇迹出现了：铜块越来越小，直到完全消失，而瓶底却出现了一块黄金，与丢失的那块重量相等。

你知道这是怎么一回事吗?

我是答案

丢失的金块

阿尔金应用了一个简单的化学反应——置换反应，金溶于“王水”后，生成一种黄色的氯金酸，铜则可以把金从氯金酸中置换出来。

不在现场的证明

在一个杀人案件的调查中，刑警发现一个经营奶酪的农夫很可疑。当刑警找到他询问有无不在现场的证明时，农夫回答说："什么?我是杀人犯?真是岂有此理。那天夜里我一直在家里，我家养的骡子生产，整整折腾了一夜，因是难产，所以拂晓时连骡子带驹都死了。"

"你还饲养骡子了吗?"

"是的。我想让它们互相交配生仔，但还是失败了。要是求助兽医就好了，可没钱啊。"

如果你是刑警，你会相信农夫的不在现场的证明吗?

我是答案

不在现场的证明

当然不能相信。

骡子是不能下驹的。说"骡子下驹"，纯粹是瞎说，骡子这种动物，是驴和马交配生产的杂种动物。所以，公骡子无生殖能力，母骡子只有极个别的能受精。因此，骡子之间的交配决不会生产的。

不在做案现场的凶手

这是发生在荒野的杀人事件。

人们发现放牛郎被绑在一棵枯树上，人已经死了。他被堵着嘴，连脖子处也被绳子捆了三圈。

警察经过认真检查，分析现场后，认为就是捆住脖子的这根绳子，使被害人窒息身亡。死亡时间推定在午后左右，曾下过一场暴雨，持续大约一小时。

后来，警察抓到了犯罪嫌疑人。但奇怪的是，此人从当日中午起到尸体被发现时，有确切的不在现场的证明，有证人证明该犯在街上

我是答案

不在做案现场的凶手

选用了特制的绳子。

凶手从天气预报上得知午后有雨，便在上午将被害人绑在树上，再用一种叫做“龙舌兰”的植物做成的绳子捆在他脖子处。

用这种植物制作的纤维有一种沾水就收缩的特性。所以，由于午后两点下的雨，绳子慢慢收缩，勒紧了被害人的脖子，终于导致他窒息死亡。

的酒馆喝酒了。

但是，在检查了捆在放牛郎身上的绳子之后，经过认真分析，警察认定，抓到的嫌疑犯就是凶手，而且，他没有同伙，就是他杀死了放牛郎。

那么，凶手是用什么手段绞杀被害人的呢?

一起无名死尸案

法斯特镇的警察局长给艾克斯博士打来电话，请求他协助侦破一起无名死尸案。

原来，这具无名尸体是在法斯特镇旁一口水塘中打捞上来的。尸体已经腐烂，面目无法辨认。当时正值盛夏，警察局长只好把尸体送到火葬场焚化了，留下的仅有几幅照片和简单的验尸记录。随同尸体打捞出来的其他一些物品表明，死者大概是本省人。

艾克斯博士经过仔细地观察，注意到这具男尸的骨头上有一些明显的黑色斑块。他问警察局长："贵省有没有炼铅厂之类的冶炼工厂?"

得到肯定的回答后，艾克斯博士果断地说："局长先生，您尽管派人去炼铅厂所在的地区去调查好了。死者生前很可能是那儿的人。"

警察局长按照艾克斯博士的指点，果然在某炼铅厂查到了无名尸的姓名、身份，并以此为线索迅速破了案。

受到上级嘉奖的警察局长十分纳闷，博士是依据什么从骨斑中判断出死者身份的呢?

你知道吗?

一起无名死尸案

死者骨骼上的黑斑通常是硫化铅的痕迹，证明死者生前曾接触过大量含铅尘毒。侵入体内的铅有90%～95%会形成难溶的磷酸铅，沉积在骨骼中。

由于无名尸体浸泡在塘底，塘泥与尸体腐败后产生的硫化氢气体与骨骼中的沉积铅发生化学反应，生成硫化铅，从而形成黑色骨斑。艾克斯博士就是根据这化学原理，断定死者应该是重金属冶炼厂的操作工人或附近的居民。

我是答案

草丛中的女尸

夏日的一天晌午过后，在河堤的草丛中发现了一具年轻的女尸，身旁丢着手提包和一个汽水瓶。发现死尸的是来此郊游的一对情侣。

警察查看尸体后，发现尸体下压着长在河堤上的半支莲开着红色和黄色的小花，已被压坏了。

“死亡过了十五六个小时了。现在是下午3点，所以是昨晚11点或12点左右，在这儿服毒自杀的。”刑警说道。

“即便是自杀的，也不是在这儿死的。而是死在别处，且是今天早晨太阳出来之后，有人怕尸体惹麻烦而搬到这儿扔掉的。”发现尸体的那对情侣的女方一口咬定说。

你知道她的证据是什么?

我是答案

草丛中的女尸

半支莲开着花奇怪。

半支莲开着花被压在尸体下。半支莲是白天开花，半夜凋谢。所以，如果这个女的真是昨晚在此河堤上自杀的话，那么压在身下的半支莲的花就应是谢着的。

罪犯究竟是黑木还是北村

因受异常寒流的袭击，气温骤然下降，早晚异常寒冷，甚至到了零下。

晌午过后，有人给亨特打来一个电话："亨特，不得了了!求您赶快到我别墅来一趟!有贼溜进我家了。这两天我外出旅行写生，刚才回到家一看，屋里被翻得乱七八糟的。"

慌里慌张打来电话的是画家中原美子，从大学时代起他们就一直是好友，她遭了难，自己是不能拒绝帮助她的，所以，亨特侦探马上开车赶去。

她的别墅坐落在环湖半周的杂木林中。这是一座砖瓦结构的古式别墅，从去年秋天起，她就一头扎进这儿的画室画湖边的四季风景。

亨特侦探到达时，她正焦急地等在门口。"这儿，留有罪犯的脚印。"她边说边将亨特侦探领到东侧的院子里。

此时太阳已经偏西了，院子被别墅的阴影遮住，地面非常潮湿，因此罪犯的脚印清晰可见。这是一个鞋底为锯齿花纹的高腰胶鞋的脚印。罪犯就是由此进来，打碎厨房的玻璃门，溜进室内的。

"向警察报案了吗?"

"不，还没有。因为没有什么值钱的东西被盗，所以……"

"照理还是应向警察先报告一声。"亨特侦探用画室里的电话向警方报了案，因为还有事儿，就把以后的搜查全委托给当地警察去办了。

当天晚上，警察局打来电话，告诉亨特侦探，已找到了两名嫌疑犯。

据警察说，一个叫黑木，昨天夜里11点钟，巡逻警察曾见他在现场附近徘徊；另一个叫北村，今天上午11点30分前后，同样是在现场附近，附近别墅的管理员发现此人形迹可疑。

“这两个人被人看见时，都穿着高勒胶鞋吗?”亨特侦探问署长。

“不，具体的我还没有核实，但搜查过他们的住宅，并没有发现胶鞋。大概是怕被当做证据处理掉了。”

“那么，黑木从今晨天不亮到中午过后这段时间，有不在现场的证明吗?”

“黑木，从深夜一点到中午过后这段时间确实有不在现场的证明。他在朋友家里打了一通宵的麻将，早晨八点左右同朋友一块儿上的班。”

“果真如此……”

“可是，亨特先生，在这以前，有人看见他在现场附近出现过，所以他的不在现场的证明是没有任何意义的。”

“可这两个人之中，哪个是真正的罪犯，就凭这些证据就足够了。昨天夜里是晴天，天气不是很冷吗，那么罪犯是……”亨特侦探果断说出了罪犯的名字。

亨特侦探指出的罪犯是黑木还是北村呢，你知道吗?请说出理由。

我是答案

罪犯究竟是黑木还是北村

亨特侦探看到院子里留下的罪犯胶鞋脚印清清楚楚，就知道谁是真正的罪犯了。

因为那个院子很潮湿，所以像昨天夜里那样的低气温照理会结霜的。所以如果罪犯是昨天夜里潜入室内作案的话，鞋印肯定会因霜柱而走样变得不清楚。与此相反，鞋印非常清楚，清楚得连花纹都清晰可见，这说明是天亮之后，也就是霜融化之后作的案。

这样，真正的罪犯就是今天上午11点半左右在现场徘徊的北村。黑木因从深夜一点到中午过后有不在现场的证明，所以是清白的。

诺贝尔破凶杀案

瑞典的化学家诺贝尔是举世闻名的炸药发明者。年轻时，他从美国学习技术回来，就在父亲办的工厂中的研究所工作，并且开始了对炸药的研究。

一天晚上，天气闷热。研究所的助理员汉森，突然在值班室被炸死了。诺贝尔赶到现场，看见值班室的地板上有许多炸碎的厚玻璃片和一块直径十五厘米的石头。汉森躺在床上，脸部和胸口都扎进了不少玻璃碎片，满床是血。

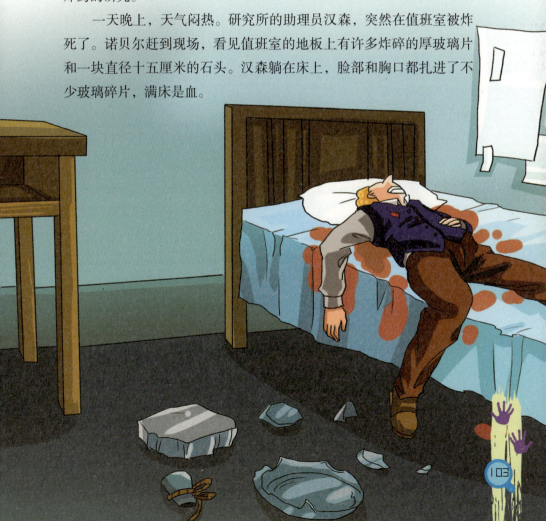

地板上还有一个直径很大的被震碎的玻璃瓶瓶底。瓶盖上拴着根打着结的钢琴弦。看样子，这爆炸好像是由玻璃瓶内的什么东西引起的，诺贝尔捡起一块碎片嗅了嗅，有酒精的味道。这就怪了，现场没有有爆炸危险的硝化甘油，没有火药，没有燃烧过的痕迹，这爆炸又是从何而起呢?

诺贝尔又发现，书架上湿漉漉的，还在淌水，地板也是湿漉漉的。他想，这爆炸的玻璃瓶中一定装满了水。然而，水也不该爆炸呀!

诺贝尔迷惑不解。他知道与汉森同时值班的还有一个夜班警卫，便把这个年轻警卫叫来。。

“是这样的，诺贝尔先生。”这个警卫内疚地说道，“在9点钟左右，艾肯先生在加完班回家的时候，说要请我去吃夜宵，我想反正有汉森先生值班，我出去一会儿没关系，便跟他到村里一家饭店里去了。”

“你没有听到这里的爆炸声吗?”

“没有，没有。我和艾肯先生分手回到厂里，已经近11点，才发现值班室的玻璃窗像是震坏了。请原谅，我……”

这个年轻人知道擅离职守所造成的后果严重，害怕得几乎哭起来。

艾肯是所里研究液态硝化甘油冷冻的技术员。诺贝尔听说是他把警卫约出去的，立即警觉到爆炸与艾肯有关，因为诺贝尔知道他和汉森都爱着一位厂里的漂亮姑娘，他们两个是情敌。联系到艾肯搞的冷冻试验，诺贝尔明白了。

“凶犯肯定是艾肯。他是借这爆炸事故来掩盖他消灭情敌的真相。这倒是一个很巧妙的发明。”

然而，这“发明”瞒不过有科学头脑的诺贝尔。在诺贝尔入情入理的分析面前，艾肯无法抵赖，终于被押上审判台。

事情的经过到底是怎么回事?

诺贝尔破凶杀案

原来，艾肯一直嫉恨他的情敌汉森，达到了疯狂的程度，早想杀死汉森。为了逃避罪责，他利用冷冻方面的知识，在一个厚厚的玻璃瓶中放满水，密封后放在化学实验用的大口玻璃瓶中，再在密封的玻璃瓶四周放满了干冰和酒精。大口瓶盖上盖子，盖子上又压了一块石头，并且用钢琴弦牢牢地将石头扎紧在瓶盖上。在轮到汉森值班时，他偷偷地把玻璃瓶放在值班室内的书架上。干冰和酒精掺和在一起，温度能降到零下80℃，密封的玻璃瓶就会爆炸，连同实验用的大玻璃瓶的碎片，能像炸弹一样地飞出来伤人。汉森反正已经睡熟，警卫又被艾肯拉走，消灭情敌的目的便达到了。

我是答案

不翼而飞的王冠

大实业家大道寺吾郎的家里来了一个电话。

“是大道寺先生吗?”

“是我，您是哪一位?”

“我是恶魔滑稽师。”

大道寺的脸痛苦地抽动着。

“又是恶作剧瞎打电话吧?要是没事，我就挂电话了。”

“别、别挂，我不是搞恶作剧，跟你实话实说吧，我是看上了您珍藏的那个‘所罗门王冠’。”

大道寺的脸刷地变得苍白。这个“所罗门王冠”是件稀世珍宝。王冠上面镶嵌有二十几颗五光十色的珠宝，有钻石、红宝石、绿宝石、蓝宝石。其中尤以王冠正面镶嵌的一颗大钻石为最，它长30毫米、宽26毫米、厚20毫米。

“所罗门王冠”现收藏在大道寺书房的保险柜里。保险柜是特制的，极其坚固。

“今天我就去取，你报告警察也无妨，恐怕他们也帮不上你什么忙，不过你锁在保险柜里很不安全，连没了你都不知道。总之，你要多留神，回见。”

电话挂断了。大惊失色的大道寺赶紧报了警。

约十几分钟后，松本率10名警察赶到。

“我是警察局的松本，已在贵府里外布置了警员，请您放心。”

大道寺紧张的心稍稍平静了一点儿。

“所罗门王冠，是放在那个保险柜里了吧?”松本指着书房角落的保险柜问。

“是的，平时总是寄放在银行租用的保险柜里，因明晚有个朋友想来看看，这才从银行取回来。噢，对了，趁你们在这里，还是确认一下保险柜为好。”

大道寺还清楚地记着恶魔滑稽师说过的话，所以他要打开保险柜看一下“所罗门王冠”是否还在。

“啊，太漂亮了!”

松本不由得叫出声来。大道寺从保险柜里取出的“所罗门王冠”五光十色，光彩夺目，他做梦也没有想到世界上竟有如此漂亮的东西。

事情就发生在这一瞬间。突然，房间里的灯灭了，四周变得一片漆黑，接着就听窗外传来一声枪响。

屋内的人都不约而同地拥向窗边。松本向窗外大喊了一声：“到底出了什么事?”

在窗外监视的警察慌里慌张地报告：“院子的角落里突然蹿出一个可疑的身影，朝天开了一枪就跑掉了。”

“肯定是一见戒备森严，一气之下放了一枪吧!”

很快，来电了，屋里又亮了起来。是有人在屋外的电闸上做了手脚。

就在同时，大道寺悲伤地惊叫起来：“哎呀!王冠不见了!”

刚刚还在桌子上的王冠突然不翼而飞。

“真，真见鬼了!房间都上着锁，所有通道都有人把守……”

对在场的5个人都仔细进行了搜身，没有发现王冠。

那么，恶魔滑稽师是如何从戒备森严的房间里盗走王冠的呢?

不翼而飞的王冠

滑稽师就潜藏在椅子中。

恶魔滑稽师已事先潜藏在房中。他将椅子掏空，潜藏在里面。其部下从窗外见大道寺从保险柜中取出王冠，便关掉电门造成停电，并以此为号指示另一同伙朝天开枪。

被枪声惊动的大道寺及在屋内的警察都拥到窗前，滑稽师乘机从椅子中悄悄钻出，拿到王冠后再回到椅子中。然后等警戒解除后，再悠然地钻出椅子从房里逃走，这就是王冠从密室消失之谜。

当然，当初给大道寺打的电话也是滑稽师手下的人干的。告诉大道寺“锁在保险柜里很不安全”是对大道寺的一种巧妙的心理诱导。上当的大道寺害怕起来，于是主动从结实的保险柜中取出了王冠。

我是答案

谁是纵火犯

在南亚的某个国家里，有大片大片的森林。许多年以来，在大森林区里，一直发生着神秘的纵火案，一片片森林被烧毁。即使刑警们使用了最为先进的侦查手段，也始终未曾捕获过一个作案者。

一天，纵火犯终于被抓到了，当“犯人”被带到被告席上时，却令人啼笑皆非。

你能猜出谁是纵火犯吗?

我是答案

谁是纵火犯

谁也未料到，纵火者竟是一种名叫“看林人”的散发香气的鲜花。“看林人”属杜鹃科，金黄色，枝干挺直。它的花朵和茎叶内，饱含着一种挥发性强、极易起火的芳香油脂。当森林中空气干燥灼热时，这种芳香油脂就会自燃，酿成森林火灾。所以，当有位化学家将“看林人”押到法庭上时，四座无不感到惊奇。

到底是谁毒死了记者

光丘车站附近的光丘公寓508室发现了38岁的新闻记者渡边弘一的尸体。

发现者是该房间的主人上坂正浩。三天前他外出旅行时把房间借给他的朋友。

死因是氰化钾中毒，死亡时间是下午1点至3点之间。桌子上放着喝果汁的玻璃杯，果汁里掺了毒。房间里虽然开着空调，可窗户却开着，室内有被乱翻的迹象。警方断定是他杀，已开始立案侦查。

另外，当天下午1点至2点半期间，这家公寓一带停电，是一个卡车司机疲劳驾驶撞断电线杆导致断电的。

经过警方的缜密侦查，确定了三个嫌疑人：

其一是电视演员美代子，她曾在下午1点左右应被害人之“邀”来案发现场。并承认，由于受死者的威胁，她希望能用几天前偷来的氰化钾——小小的密封胶囊毒死他。她回忆：“我从那里出来时，正赶上电梯下到一楼就停电了。如果再慢一步，可能就被关在电梯里，真算走运啊。总算除去一个麻烦。真痛快。那样的家伙死了也活该。”

其二是职业高尔夫球手友田一郎，下午2点左右应被害人之“邀”来案发现场，并承认，由于受死者的威胁，他希望能用昨天晚上偷来的氰化钾——密封在一个小瓶子里——毒死上坂。他回忆道：“当时我并没注意到停电。因为我怕碰上什么人，没敢乘电梯，是从楼梯下来的。可真不走运，在楼梯上还是碰上了两个家庭主妇。还好，我戴着墨镜，不必担心被认出来。可我并没想到那间房子不是那家伙自己的住处。”

其三是抒情歌手真由美，她当天下午1点至3点之间应被害人之“邀”来案发现场。并承认，由于受死者的威胁，她希望能用两年前偷偷收藏起来的氰化钾——一直放在用手帕包着的小纸团里——毒死上坂。她回忆道：“当时，路旁停了两辆巡逻车，我想一定发生了什么事。原来是卡车事故造成停电。白天停电反倒帮了大忙。如果夜里停电那就糟了。我进那家公寓时，那些好奇的人们总盯着我瞧。多亏我戴了假发套，又戴了太阳镜，不必担心人们会认出我的脸。可万一警察来问我，我又该怎样回答呢……咳，不要紧，反正他们也拿不到我去过那房间的证据……不管怎么说，那个家伙死了，没人会损害我这抒情歌手的声誉了。”

那么，聪明的读者，用氰化钾毒死这个恐吓者的凶手是这三人中的哪一个呢？

我是答案

到底是谁毒死了记者

虽然现场的房间里开着冷气，但窗户却敞开着。这就说明是在停电期间作的案。因停电空调停止工作，房里变得很热。所以，被害人自己打开窗户。如果是通电以后被害人还活着，那么，空调开动时他会去把窗户关上的。

停电期间去现场的是友田一郎和真由美。那么，是谁用氰化钾毒死被害人呢？

氰化钾若非密封保存，长时间接触空气，就会被氧化成碳酸钾而失去毒性。真由美的那包氰化钾用纸包着已经两年了，所以已经失效了。因此，投毒犯只能是友田一郎。

少女的确是自杀

春季的一天，在北方某山上发现了一具少女的尸体，她穿着淡黄色的羽绒服，被吊在高高的树枝上。看上去死了已经有两三个月的时间，但尸体并没有腐烂。

大衣口袋里装着遗书，看来是自杀。

然而，令人费解的是，树枝离地面足有4米高，地面上又无任何蹬踏之物，真不敢想象少女自己会爬到高高的树上，再把绳索套在自己的脖子上。

警察经过缜密的侦查，排除了他杀的可能，确认了这个少女的确是自杀。

那么，这个少女到底是怎样自杀的呢?

我是答案

少女的确是自杀

这个少女穿着冬季的服装。这个谜就可以解开了。

冬季，这个地区的积雪可达2米厚，这样自杀是成立的。自己先用雪堆成雪堆，当作蹬踏物，只要一伸手就可以把绳索挂到树枝上。

发现尸体是在春季，雪制的蹬踏物完全融化。而且，在寒冷的冬季，即使过两三个月，受到寒风的吹袭，尸体也是不会腐烂的。

狗咬自己主人的怪事

某国有个古董商，这天晚上接待了一位新结识的朋友。新朋友叫史密斯，是个古董鉴赏家。

寒暄了一阵，古董商很得意地把新近得到的几件高价古玩给史密斯看。

史密斯啧啧称赞。看完后，古董商把它们放回一个小房间，加了锁，并让一只大狼狗守在门口。

这天晚上，史密斯住在古董商家。

半夜，史密斯偷了那几件古玩，被那古董商发觉，两人打了起来。谁知，那条大狼狗不咬贼，反把主人咬伤了。史密斯乘机带着古玩逃跑了。

古董商连忙打电话给警察局报案。

一会儿，一位警长和两名警察来到现场。财产保险公司也派人来了。如果确实是失盗，保险公司将按照规定，给付过财产保险金的古董商赔一笔钱。

根据现场来看，确如古董商所说，他的高价古玩被抢。

但问题是，他怎么会被自己的狼狗咬伤呢?连古董商自己也无法解释清楚。

保险公司的人说："这是不合情理的事，从来没有训练有素的狼狗会不咬小偷咬主人的。此案令人难以置信，本公司不能赔款。"

警长注视着那件被撕得粉碎的睡衣，又见那狼狗还围着睡衣团团转，眼睛顿时发亮。他问："古董商先生，请您仔细看看，这件睡衣究竟是不是您的?"

古董商捡起那件破睡衣，仔细看了一会，忽然叫道："啊!不!这件睡衣不是我的。我的那件睡衣在两袖上绣着两朵小花，是我小女儿绣着玩的。"

警长突然说："啊，我明白了，我丝毫不怀疑这个案件的真实性。"

后来，那位"古董鉴赏家"史密斯终于被捕，原来他是个专门盗卖古董的老贼。

你知道警长是怎么推理的吗?

我是答案

狗咬自己主人的怪事

警长推测，他们搏斗是在黑暗中进行的，而狼狗只凭早先沾在睡衣上的气味咬人，而这件睡衣是那位史密斯先生事先偷偷地给古董商换过的。而这一切，又都是他预谋过的。所以才发生了"狗咬自己主人的怪事"。

手枪上为什么没留下指纹

一位风度翩翩的白发老绅士，曾经营一家公司，因不景气而倒闭，要说剩下的财产，只有一亿日元的生命保险。他已无东山再起的能力，想死后给妻子留下这笔保险金养老。如果自杀，保险公司就不会支付保险金，因此他想伪装成他杀而死。

一星期后，报纸上刊登了这位老者的死讯。

地点在中央公园。他坐在公园的长椅上，左胸中弹死亡。作为凶器的手枪落在死者脚旁。枪响时间是晚上11点，尸体发现得很早。在公园约会的情侣听到枪声后，立刻赶到现场。

警察认为，凶手在距被害者左胸20厘米的地方开的枪，被害者当即死亡，手枪掉在死者脚边，上面没有任何人的指纹。被害者没戴手套，现场附近也没有摘掉的手套。从被害者的两手上，完全没验出火药反应。这用不着说明，一开枪，扣扳机的手和衣袖上就会沾上火药渣飞散的微粒，用试剂检验，肯定会有反应。这么说来，似乎可以完全排除自杀的可能。

但是，最先发现尸体的情侣作证说，既没发现罪犯的身影，也没听见逃跑的脚步声。他们约会的地点距现场有一百多米远。一听见枪声，即赶往现场，现场是沙砾路，即使在黑暗中看不见罪犯，也应该听得见逃跑的脚步声。

因此，警察还是断定他是自杀。

那么，请你想一想，他用什么方法，手不沾火药，手枪上也不留下指纹，扣动扳机自杀的呢?

手枪上为什么没留下指纹

他在右手套上薄塑料袋后扣动扳机自杀。这样，枪上既无指纹，弹药的微粒也不会沾到手上和袖口上。

塑料袋怎么处理呢?事先他把塑料袋绑在气球上。开枪后手枪一掉，右手一松，很轻的塑料袋就被气球从手上拉下，飞入高高的夜空。

我是答案

囚犯是怎么得到的线锯

囚犯萨姆被关在监狱的单人牢房，可就在一天深夜，他用线锯的细锉刀锉断窗户的铁栏杆，越狱逃跑了。

在萨姆被关在单人牢房期间，从没接受过外部送的东西。虽然他妻子常来探监，但只是在会客室隔着窗玻璃用电话交谈，传递线锯是不可能的。而且，他在被关进单人牢房时接受过严格的搜身检查。

那么，囚犯萨姆是如何搞到线锯的呢？

监狱长在查看牢房被锯断的窗栏杆时，见窗台上有鸟粪，便看出了名堂。

那么，萨姆是怎么得到的线锯呢?难道是从天上飞来的?

我是答案

囚犯是怎么得到的线锯

是鸽子运来的。

囚犯萨姆每天在铁窗上撒面包渣儿。在监狱外，其妻放出信鸽，信鸽发现面包渣儿，便向萨姆的牢房飞来。

这样反复进行几次，等信鸽记住了萨姆牢房的位置后，其妻在信鸽腿上绑上线锯，然后放掉信鸽。于是，萨姆便顺利地搞到了线锯。

鸽子可在监狱的高墙上自由飞进飞出，而且监视的看守也是不会想到鸽子会传递线锯的。

神秘的幽灵

这是一所南北战争时代留下的古屋，据说曾出现幽灵。买下这所古屋的人想将屋子整修一番，便雇来了工人。工人们刚刚走进前厅，突然出现一个全身冒着火焰、身高两米以上的幽灵，手持匕首，似乎要扑过来。工人们吓得拔腿就跑。

事情传出去以后，有些曾经进入过这所屋子的人提供了一些线索。他们说，这所屋子已建造了几十年。当时的主人据说在屋内藏了大量的珠宝。后来主人死了，珠宝究竟藏在哪里，没有人知道。曾进去过的人只知道，这所屋子的墙上装了许多大镜子。

不信邪的道格斯教授决心解开这个谜。他在漆黑的客厅里等待幽灵的出现。果然，像以前一样，幽灵手持匕首在火光中出现了。道格斯教授盯着幽灵细看，看到好像是一个穿着宽大衣服的高个子男人。再仔细看，道格斯教授突然明白了，他猛地抓起身边的一把椅子朝前砸去。

只听见一阵玻璃破碎的声音，幽灵随即不见了。

道格斯教授从屋里出来，马上与警方联系。警察包围了古屋……不久，事情便真相大白了。

你能想象出这幽灵究竟是怎么回事吗?

我是答案

神秘的幽灵

当然没有真的幽灵，而是一个阴谋。原来，由于传说这所古屋里藏有大量珠宝，有人正在悄悄地寻找。而正在这时，这所古屋被出售，工人们要进去整修。为了使寻宝不受工人们的干扰，躲在里面的寻宝者便假扮幽灵吓人，以此使别人不敢贸然进去。他先穿上又宽又长的大袍，脸用毛巾包起来，然后全身涂上磷。因为磷的燃点很低，一般室温中也会燃烧，发出蓝白色的火光，但磷火的温度不高，不会烧伤人。就这样，他站在椅子上，又宽又长的长袍将椅子遮住，看起来像个巨人，为了使自己的形象更为恐怖，同时又为了防止别人可能会朝他开枪，他便利用客厅里的镜子。也就是说，他并没有在客厅里，而是站在客厅楼梯转弯处的平台上。由于正对着大镜子，他的形象便从镜子里反射出来。所以，当道格斯教授抓起椅子砸碎镜子后，幽灵便不见了，而道格斯教授也已明白，这是有人在装神弄鬼。

匪徒是如何逃走的

深夜，商业贸易中心大厦，放在21楼的保险柜被人炸开，一笔巨款被掠走。由于这家公司装有直通警署的警报系统，所以警察的巡逻车在1分钟内即到达了大厦的现场。

亨特侦探跟警察到场后，发觉这座大厦正停电，四处漆黑一片。他们找到了大厦的管理员。

管理员说：“由于配电箱的保险丝断了，所以停了电。”

警察守在大厦的出入口，亨特走到21楼失窃现场，却发现贼人已经逃得无影无踪。但是，亨特检查了一下，大厦是密闭式的，根本没有出口可供匪徒逃走。

亨特从21楼飞快地跑到楼下，用了将近两分钟。但警车刚才在警报器响了之后，一分钟内就到达了现场，匪徒有什么办法能够逃走呢？真是不可思议。

亨特侦探经过认真调查分析，终于弄清了事情的真相。

你能推断出为什么劫匪能在1分钟内就逃得无影无踪吗？

我是答案

匪徒是如何逃走的

管理员是匪徒的同谋人。大厦管理员剪断了照明线路的保险丝，却保留了电梯的保险丝，所以匪徒能乘电梯逃走。

意外的事情

宝石商木村在自家书房里养了许多热带鱼。就在其携家属外出旅游期间，素有神盗之称的野郎溜进书房，从保险柜里盗走重达5克拉的一块红宝石。

正当他要走出房间离去时，房门却猛地被推开，松田警官端着手枪闯了进来：

“野郎，举起手来，不老实我就开枪了。”

“啊!这不是松田警官吗，你怎么也成了持枪抢劫的强盗了?”

“少啰唆，今晚我一直在跟踪你，眼看你溜进这所房子，就等着

当场捉贼呢。现在人赃俱获，你这位臭名远扬的神盗也该收场了。怎么样，赶快把偷的红宝石交出来吧。”

不愧是久经沙场的惯盗，此刻虽被手枪逼着，野郎却显得若无其事。他乖乖从衣服口袋里掏出红宝石，装着递给松本的样子，却突然扔进了身旁的大鱼缸中。鱼缸里养着数尾金黄色带黑斑点的热带鱼，个个都有十五六厘米那么长。

“喂!野郎，你想干什么?赶快把宝石从鱼缸里给我拣出来!”

“如果想要，那你就自己去捞好了。”野郎冷笑着。

“好吧，你老实站着别动。动一动我就开枪。”松田警官毫不松懈地将手枪对准野郎，左手伸进鱼缸去捞宝石，连袖口被水浸湿了也顾不上。

可就在这一刹那，意外的事情发生了。

“松田警官，我先告辞了，再见!”野郎说着从松田身边擦过，赶快溜走了。

这不是太令人费解了吗?为什么松田警官眼睁睁地看着盗贼逃走而不开枪呢?

我是答案

意外的事情

鱼缸里养的是锯脂鲤鱼，咬住了松田的手指。

松田警官左手刚一伸进鱼缸，数尾凶猛的锯脂鲤鱼便咬住了松田的手指，疼得松田连右手的手枪也丢掉了。趁此机会，野郎迅速地逃掉了。

锯脂鲤鱼是野生在南美洲亚马孙河流域的食肉型的凶猛鱼种，专门袭击渡河的大群牛羊，转眼间就会将牛羊吃得只剩下骨头和皮。

神秘失踪的火车司机

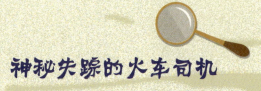

从A站正点发车的夜行货物列车，晚点几分到达B站，机车副驾驶从蒸汽机车上下来向站长报告说：

“不得了，山田司机在机车正在行驶时从车上跳下去逃走了。只能认为是精神病发作。”

大吃一惊的站长马上与A站联系，两方派护线员沿路寻找，仍没有找到山田司机的下落。

沿线两侧是皑皑积雪，如果是跳车逃走的话，照理雪上会留有痕迹的，但却找不到。当然，整个货物列车也都找过了，还是没有找到司机的行踪。

列车从A站发车时，司机的确在机车上。

那么，山田司机到底跑到哪儿去了呢?

我是答案

神秘失踪的火车司机

在锅炉中。

山田司机在驾驶时被副驾驶所杀，并被投入蒸汽机车的锅炉中焚尸。

蒸汽机车的锅炉火力很猛，所以焚烧尸体是不成问题的。烧剩下的骨灰与炉灰混在一起也是分辨不出来的。至于焚烧尸体时的臭味儿，如果是行进中的火车，也会被风吹得一干二净。这简直是流动火葬场。

头等车厢中惨死的妇女

这是发生在英国的一起奇怪案件。

列车员在头等车厢的包厢中发现一名惨死的妇女，像是被一种利器刺中了头部，头盖骨已破碎。毫无疑问是受到了猛烈的一击。手提包里的名贵宝石还在，很显然不是盗窃犯罪。

头等车厢只有被害人一名乘客，据列车员说，没有其他的人出入这节车厢。包厢中的车窗开着，通道的门从里面反锁着。因此，几乎可以肯定没有其他人曾进过被害人的头等厢。那么，这岂不是太奇怪了吗?是谁杀了被害人呢?

检查判明被害时间是列车员发现尸体前的两三分钟。当时，列车快要进站了，冲着车窗的那一侧有条错车线，正停着一列拉家畜的货车。而且附近沿线曾发生火灾，是干草垛失火。

根据上述检查认定，此案系事故死亡。

那么，你能想出事故的真相吗?

我是答案

头等车厢中惨死的妇女

这位妇女看到干草垛失火，以为出了什么事，就从车窗探出头眺望。这时，在错车线的家畜货车错车驶过。车上拉的全是牛，这些牛因为火灾受惊，隔着栏杆伸出长长的牛角。牛角尖偶然刺中了被害人的头部。

凶手用的是什么凶器

在女性专用的蒸汽浴室，一个高级俱乐部的女招待被杀，死者一丝不挂，被刺中了柔软的腹部。从其伤口判断，凶器有可能是短刀一类东西。可浴室里除了一个空暖水瓶外，根本找不到看似凶器的刃具。

因为案发时，还有另一名女招待同在浴室，所以此人被认为是凶手。但是，当时在门外的按摩师清楚地看到，此人一丝不挂，未带任何东西空手从浴室出来。而且直到15分钟后，尸体被发现，没有任何人再出入浴室。

那么，凶手究竟用的是什么凶器，又藏到什么地方了呢?

我是答案

凶手用的是什么凶器

凶器是用冰做的锋利的短刀。凶手为了不使冰融化，将其放入暖水瓶，再装干冰，带进浴室。而且趁对方不备，突然行刺。等尸体被发现时，由于蒸汽浴的热气，冰做的短刀和干冰自然就融化得一干二净。腹部是比较柔软的，即使是冰做的短刀，刺杀也是不成问题的。

凶手到底使用的什么手段

一个夏日的早晨，G岛的海岸上发生了一起奇怪的杀人案。一位画家坐在海滩上面对海浪中时隐时现的岛屿写生时被害了。被害人头部像是被小铅锤或小镐尖击中，头盖骨被砸陷3厘米深，粉碎致死。头部只有一个击中点。

可是，非常奇怪，以被害人为中心半径30米远的范围内，只留下了被害人来时的脚印，却不见其他任何足迹，被害人30分钟前死亡。海水的情形和现在几乎没有变化。况且，在一个小时之前下了一场雷阵雨，沙滩被冲洗得干干净净。当然，尸体旁边也没留下任何杀人凶器。

凶手不可能使用30米长的棒子击中死者头部呀。

请问，凶手到底使用什么手段，能不留足迹地把被害人打死呢?

我是答案

凶手到底使用的什么手段

结论是凶手甩钓鱼杆，瞄准被害人头部，用铅锤击中的。

当用力甩钓鱼杆时，10克重的铅锤飞出去击中头部，一下子就可以打死人的。然后，再靠铅锤的反作用力迅速收回铅锤。这样海滩上就不会留下任何痕迹。

把钓鱼铅锤用打棒球的投球姿势挥动起来，在比谁的铅锤飞得远的比赛中，中等水平可以甩出100米，高水平的甚至可以将铅锤甩出130米以上。只要练习几次，谁都可以甩出30米，用铅锤击中目标也不是不可能的。

咄咄怪事

深夜。巡警片山在北海道巡逻时，突然，在一条漆黑的窄巷内，闪出一个黑影。片山见他行动怪异，就上前喝令该男子站住，并要求他出示身份证。

突然该男子从怀中取出一把水果刀，不由分说向片山腹部刺去。片山猝不及防，腹部中刀，嫌疑犯立即拔腿狂奔。

片山受伤后，一面打电话求援，一面负伤追赶嫌疑犯，喝斥道："喂!别跑了!立即放下武器，束手就擒，否则我就开枪了!"

该男子不理睬片山的警告，仍旧沿巷狂奔。片山被迫向该男子开了一枪，射中了他的右脚。片山强忍着腹部的疼痛追上去，只见该男子屈膝摸摸右脚后，飞快地跑了。

片山被惊得目瞪口呆，又向该男子开了一枪，又是射中他的右脚，男子弯弯膝，旋即站起，在黑暗中消失了。

数分钟后，大队刑警赶到，把重伤的片山送往医院急救。一小队警员在巷内搜寻弹壳，其余则全力追缉该男子归案。

但十分奇怪，他们很仔细地在巷内搜寻，竟连一粒弹壳也找不着，甚至连地上也没留下一点血迹，警员们只得收队。

不久，警察终于在一个小旅馆把该男子拘捕，也揭开了他虽然右脚中枪，却没有流血之谜!

你知道为什么会有这种咄咄怪事吗?

我是答案

咄咄怪事

如果是一个普通人，脚中两枪，一定会倒下，束手就擒。即使有车接应，地上也会留下一些血迹，怎会连一滴血迹也没有呢?但只要细心思考，不难发现答案——如果他被枪伤的是假肢，那么无论中了多少枪，他的脚都是不会流血的，而且逃走也不会有很大的问题。

锁着前轮的自行车

星期天上午，初中一年级学生李明骑着一辆新买的自行车，来公园游览。

公园里有的小同学在滑旱冰，有的在打羽毛球，他们玩得可真热闹。

突然，李明觉得肚子不好受，便跑进了厕所。

几分钟后出来一看，停在那儿的自行车不见了，不禁吃了一惊。

因车子前轮锁上了链锁，如没有另配的钥匙开锁，只有切断链锁，否则绝不可能将车骑走。

实际上，是在附近玩耍的一个男孩，擅自骑车在公园转了一圈。

那么，究竟是用什么手段，在没打开前轮的车锁的情况下就将车骑走了呢?

我是答案

锁着前轮的自行车

将旱冰鞋系到前轮上就可以了。

骑走车子的人就是滑旱冰的男孩。他是将旱冰鞋绑在自行车前轮下将车骑跑的。

自行车的脚蹬是带动后轮行走的，前轮只是空转，所以，即使锁上链，在车轮下绑上旱冰鞋，再蹬脚蹬子也是可以骑走的。

从天而降的石头

在冰雪封冻的极地雪原，发现一具来观测极光的越冬队员的尸体。尸体旁留着一块好像玻璃似的奇怪石头。南极考察队员就是被这块石头打中头部死掉的，戴着防寒帽的脑袋被砸开花了。

然而，现场四周只留着被害人的足迹，却没有凶手的足迹。更令人奇怪的是凶器石头。这里是被厚厚冰层覆盖的南极大陆，不露地面，连个小石头儿都没有。

那么，被害人究竟被何人所杀呢?

我是答案

从天而降的石头

是偶然被陨石击中的。

这个越冬队员是被偶然从宇宙飞来的陨石击中头部致死的。每年有无数陨石从其他天体坠落到地球上，它们以惊人的速度冲入大气层，直到落到地表前几乎还是燃烧着的，但也有不燃烧就落到地面的。

一宗有计划的谋杀案

深夜12时，日本东京地区的警局，突然接到报案，在某区一酒店908号房，发现一名穿着和服的男子尸体。据初步调查所得，该男子在房中的救生梯上滑落到泳池旁，倒地身亡。

警方赶到现场，发现救生梯的门，是在里面上了锁的，所以，该名叫小三的男子不可能是自杀，也不可能是饮酒中毒死亡，或在迷迷糊糊的状态下，跌落救生梯的，显然这是一宗有计划的谋杀案。

警方在死者身上找到一本记事簿，资料显示死者最近因走私的生

意与小田宏二曾有过节。小田宏二是日本一家钟表公司的推销员，他多次与小三合作做走私生意。

事发当晚，酒店的侍应生曾看见小三与一名日本男子在房内闲谈。因此警方怀疑二人在谈话中，为了生意的事宜而起争执。事后小田宏二愤怒离开，不久便发生了凶杀案。警方掌握了有力的证据，立即下通缉令，把小田宏二拘捕归案。

第二天早上，警方逮捕了小田宏二，但有证人证明昨晚22时，在一辆由东京开往广岛的火车上，小田宏二正在抱头大睡。

真奇怪，小三跌落救生梯时，为什么小田宏二会在火车上呢?究竟他的不在场证据是如何设计的呢?

我是答案

一宗有计划的谋杀案

小田宏二在酒店房间与小三谈生意失败后，趁着他去洗手间时，在他的饮料中加入安眠药。小三喝过饮料后，昏昏欲睡，小田宏二就戴上手套，把他背到救生梯上，然后就离开现场，立即搭乘开往广岛的火车。

一小时后，由于药力消失了，小三想站起来，但不慎一滑，就从救生梯滑落到泳池旁。与此同时，小田宏二已经逃之夭夭，制造了不在场证据。

福田是怎样进入仓库的

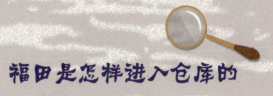

一早，古董商大作一雄查看仓库时，发现装有珍贵古董的10只箱子少了1只。于是，他立即报警。

他对警长说，仓库的钥匙只有他一人有，而且整天挂在脖子上，不可能有人动过。

警长查看现场，那是个封闭式的小屋，只是在屋顶上开了个小天窗，窗上安装着拇指粗的铁栅栏。虽然铁栅栏已掉了两根，但上面有3只大蜘蛛织满了蛛网，说明不会有人从这里钻进去。

警长找到刑事专家井上帮助分析案情。

井上问："除了大作本人，还有谁知道仓库里有古董箱子?"

警长说："有个叫福田的，是大作的外甥，因为嗜赌，早已被大作赶出去了。蛛网没破，他也钻不进来呀!"

井上说："如果确实没有第三人知道仓库藏有古董箱，那么，这箱古董就是福田偷的。"侦破的结果证实了井上的推断。

那么，福田是怎样进入仓库的?井上又是根据什么断定福田是小偷的呢?

我是答案

福田是怎样进入仓库的

福田拆下仓库天窗的两根铁栅栏后，从那里潜入盗走箱子，然后在窗口上放了几只蜘蛛。只要三只蜘蛛，就足够在第二天清晨织上网，因此即使铁栅栏缺了两根，仓库仍好像处于封闭状态。

失踪的女学生

在英国伦敦，一天，富商希尔曼失窃了一幅名画。

据传，有人要携带这幅画渡海到巴黎去。这幅画约有大型笔记本大小。

有关当局为此采取了严密的措施，彻底地检查旅客的行李。

这时，有一个女学生，在开往巴黎的火车上离奇地失踪了。与这个女学生同在一起的共有10个人，是各学校选送出来、到巴黎留学的优秀生。有人看见那个女学生进入火车站的洗手间，从此就不见了，既没有跳车的迹象，也没发现尸体。而她所戴的大帽子和一双很重的鞋子在铁路旁被发现了。

这列火车上，除了这些女学生，还有3组乘客，他们都有私人车厢，一组是两个到巴黎观光的小姐；一组是两个中年的法国商人；最后是一对最有嫌疑的年轻夫妇，妻子是妆化得很浓的美人，丈夫是个有前科的罪犯。因为事关重大，所以警方检查了他们的行李，但却没有什么发现。第二天，失踪的女学生在伦敦被发现。她因头部受到重击而丧失记忆力。

后来，希尔曼失窃的画在巴黎火车站这个女学生的书包中被发现。

这是怎么回事呢?

我是答案

失踪的女学生

案犯使用了掉包计。那对年轻夫妇就是罪犯。为了带着那幅画渡海，为了避开严密的检查，他们决定利用这个女学生。在伦敦集合前，他们先把女学生打昏，然后由妻子打扮成女学生的模样。因为这些留学生彼此都不认识，所以不用担心会被人识破。他们把画藏在书包里，和这些学生的行李放在一起，躲过了检查。想等火车到巴黎后，再由他们的同伙偷出书包。到了车上，那女人就不能再扮演下去了，因为集合报到时，一定会露出马脚，所以就演了一出失踪事件。当她进入洗手间后，马上卸下了女学生的装扮，恢复本来面目。女学生的帽子和鞋子又大又重，就被她扔到了窗外。

神父被杀之谜

律师出身的美国总统林肯，24岁时在某地邮局任代理局长。他工作勤恳，当了局长还是挨家挨户地去送信。

一天清早，林肯给一位名叫史密斯的青年去送信。史密斯是刚到这个村子来当神父的。因为教堂还没造好，他一个人临时住在一间小屋里。

林肯在小屋门前高喊了几声，没听见回答，也没见他来开门。又连连地敲门，仍毫无动静。

“也许是散步去了吧。”林肯这么想着，就到小屋后面的田野中去找。到那里一看，不好，神父正倒卧在旱田里，背上还扎着一支印第安人的箭。

一个警察刚好路过此地，林肯忙向他报案。当警察看到尸体上的箭时，顿时变了脸色，惊叫道：“这是‘黑鹰’在报仇!”

林肯知道这“黑鹰”指的是印第安撒古族的酋长。

警察说：“撒古族的酋长和这个村子有宿仇。”

林肯问：“但是，酋长来报仇，怎么没留下他的脚印呢?”

“那酋长是从远处射的箭，当然不会有他的脚印。”

“那么，为什么连神父的脚印也没有呢?昨晚刚下了雨，田头是湿的，土是软的，只要有人走，就会留下脚印的呀!”

“看来，是这场雨把神父的脚印冲掉了。”

“不，警察先生，要是那样，神父的尸体也淋过雨，应该是湿的，可是，他的衣服挺干燥。”

“也许是因为已过了一夜，给吹干了。”

“不可能”，林肯说，“你瞧，他伤口上还有血在凝结。要是给雨淋过，血迹早给冲去了。”

“那么神父就一定是在雨停了以后才被射死的。”

“不，警察先生，如果是这样，为什么没有神父的脚印呢?难道他死后，还能爬起来把脚印抹去吗?”

林肯说完，仔细观察起四周，他注意到离神父尸体三米远的地方有一块板壁，高两米左右，这附近就是准备盖教堂的地方。身高一米九三的林肯走近板壁，踮起脚朝板壁的那一边看去，那里是一个很荒凉的院子，在一棵大榆树上挂着一个秋千。四周是光秃秃的红土层，杂草不生，也没有人走过的痕迹。

林肯说：“我明白是怎么一回事了。”

“是怎么一回事呢?”

林肯抱起矮个子警察，让他看到了自己所看到的一切，然后说出了自己的推断。后来查明，林肯的判断是符合事实的。

你能想到林肯是怎么推理的吗?

我是答案

神父被杀之谜

林肯注意到那棵大榆树上有个秋千，他推测，年轻的神父爱玩，这里又要盖教堂了，他心里高兴，就来这里荡秋千。酋长的箭射中了他，他的身体就随着秋千的摆动，抛过板壁，落在这田里。所以，没留下他的脚印。

奇怪的绑架勒索案

一个深秋的夜晚，洛杉矶市的吉姆董事长的儿子被绑票了，凶犯开口要5万美元赎金。他在电话里说：“百元纸币500张，用普通包装，在明天上午邮寄，地址是查尔斯顿市伊丽莎白街2号，西迪·卡塞姆收。”

凶犯说完后，威胁说：“假使你事前调查地址或报警，就当心孩

子的生命!”

吉姆董事长非常惊慌，为了顾全孩子的生命，他只得委托著名侦探亨特进行侦查。

因为事关小孩的生命，亨特也不敢轻举妄动。于是，他乔装成保险公司的推销员，到凶犯所说的地址调查。亨特很快找到了查尔斯顿市的伊丽莎白街。

但是，走来走去，根本找不到2号。向好几位当地人打听，他们都说，不知什么原因，这条街根本没有2号。更没有人认识或听说过西迪·卡塞姆这个。

难道凶犯不要赎金吗?绝对不可能!亨特忽然灵机一动，恍然大悟，发现了绑票凶犯的真面目。

第二天，警察根据亨特的推断，终于捉到了那名凶犯，并安然救出被挟持的小孩。

你能知道凶犯是谁吗?亨特是怎么推断的呢?

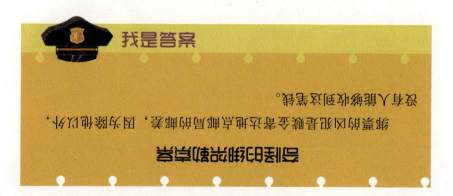

我是答案

奇怪的绑架勒索案

绑票的凶犯是赎金寄达地点邮局的邮差，因为除他以外，没有人能够收到这笔钱。